发现中国

中国节庆

萧 放　张 勃　著

上海古籍出版社

图书在版编目（CIP）数据

中国节庆 / 萧放，张勃著，—上海：上海古籍出版社，2010.8

（发现中国）

ISBN 978-7-5325-5633-5

Ⅰ.中... Ⅱ.①萧...②张...Ⅲ.节日—风俗习惯—中国
Ⅳ.K892.1

中国版本图书馆CIP数据核字（2010）第117121号

责任编辑　钮君怡
装帧设计　严克勤
技术编辑　王建中

发现中国

中国节庆

萧放　张勃　著

上海世纪出版股份有限公司
上海古籍出版社　出版 发行
（上海瑞金二路272号　邮政编码200020）

(1) 网址：www.guji.com.cn

(2) E-mail:gujil@guji.com.cn

(3) 易文网网址：www.ewen.cc

发　行　新华书店上海发行所发行经销
印　刷　上海丽佳制版印刷有限公司
开　本　787×1092　1/36
印　张　3$\frac{28}{36}$
版　次　2010年8月第1版
　　　　2010年8月第1次印刷
印　数　1－4,300
ISBN　978-7-5325-5633-5 / G · 499
定　价　18.00元

如有质量问题，请与承印公司联系

目 录

节日：时间的驿站，生活的华章

当绿色的枞树挂满各式各样的饰品、《铃儿响叮当》的歌谣四处唱响、美国人欢庆圣诞节的时候，当罗马尼亚人穿上民族盛装、跳起民族舞蹈、迎接带给他们丰收与幸福的谷物女神的时候，当巴西到处张灯结彩、人人穿上艳丽的奇装异服倾城而出、尽情狂欢的时候，当索马里人高擎树枝、呐喊着奔向对方、互相抽打的时候，当斐济人在街上搭起彩色牌楼、化装游行、评选红花皇后的时候，也许我们会意识到，其实任何一个国家、任何一个民族都有属于自己的节日。

是的，节日是一种世界范围内普遍存在的文化现象，人们都会安排一定的时间举行约定俗成的活动，或者为了庆祝，或者为了纪念，或者为了祈求，或者兼而有之，从而使这段时间成为我们所说的"节日"，并与乏味、单调、平庸、世俗的日常时间区别开来。

中国自然也不例外。

　　我们随手拿一本日历，就会发现上面标记着各种各样的节日。这些节日大约可以分为三种类型：一种是国家或政府为主导的、带有更多政治色彩的纪念性节日，如五一劳动节、七一建党节、十一国庆节等；一种是外来节日，如情人节、母亲节、感恩节、圣诞节等；再一种就是中国本土的传统节日，如春节、元宵节、龙抬头节、清明节、端午节、七夕节、中元节、中秋节、重阳节、除夕等。这些节日共同构成了当今中国的节日体系。

　　由于"节日是社会文化所设置的时间单位，以历日和季节等组成的历年作为循环的基础"，要了解中华节日，尤其是中华传统节日，就不能不了解一些中国的历法知识。

　　出于生产、生活、交流的需要，每个社会群体都要对时间进行计量和表记，其结果便是历法的出现。简单地讲，历法就是依据天文的客观规律，而后按照某种人为的规定，将"年"、"月"、"日"等合理地编排起来以计算时间的方法。由于地理环境差异、人文条件不同、认识水平有别、对天象天体的关注不同等原因，不同时期、不同群体使用的历法并不相同。从世界范围来看，成熟的历法主要有三种：阳历、阴历和阴阳合历。

　　阳历以太阳的周年视运动周期——回归年作为制历依据。以春分点作为起算点，太阳沿黄道运动一圈又回到春分点的时间间隔为回归年，其长度为365日5小时48分46秒。阳历每年的月份、日期都与太阳在黄道上的位置相对应。一年分为十二个月，这个月是人为规定的，与月亮没有任何关系。阳历是目前全世界通行的历法，又称公历，采用公元纪年，以传说中基督教创始人耶稣诞生为公元元年，平年365天，闰年366天。

天文学意义上的阴历，是以月亮的运动为依据，采用朔望月[1]作为基本周期，和太阳视运动没有任何关系。目前仍然在一定范围内使用的伊斯兰教历就是阴历。

阴阳合历则兼顾月亮的运动和太阳视运动，既要考虑历月和月相变化的对应，又要考虑历年与季节变化的协调。中国传统社会的历法就是一种阴阳合历，一方面，月的长度考虑的是月亮的运动，根据朔望月而定，强调历月与月相变化的对应。大月30天，小月29天，平年12个月，闰年13个月，年的长度是当年月份日子的叠加。另一方面，历法中还设有二十四节气，而二十四节气是根据太阳在黄道上的运动划分的，从春分点开始，每隔15°为一气，依次是春分、清明、谷雨、立夏、小满、芒种、夏至、小暑、

---

[1] 月亮位于太阳和地球之间，其经度与太阳相同的时刻叫"朔"；月亮位于地球的另一边，经度与太阳相差180度的时刻叫"望"。从朔到望或从望到望的时间间隔即为"朔望月"。一个朔望月的平均长度是29日12时44分3秒。朔望月的长度是月亮盈亏的周期。

大暑、立秋、处暑、白露、秋分、寒露、霜降、立冬、小雪、大雪、冬至、小寒、大寒、立春、雨水和惊蛰。二十四节气与月相变化没有丝毫关系，而是同太阳视运动密切相关，所以是一种特别标准的阳历。将二十四节气与朔望月配合使用，并用闰月的方法弥补历年与太阳年的岁差，使节气基本固定在特定的农历月份中，如春分在二月、夏至在五月、秋分在八月，这正是我国传统历法的独到之处。

自汉代起，这种非常复杂的历法就一直是中国人的常用历法，直到1912年中华民国成立宣布改用阳历，以公元纪年，情况才发生变化。1949年，中华人民共和国建立，同样以公元纪年，以世界上通用的阳历为正式历法，传统社会的历法就失去了正式历法的地位。不过，在民众生活中，它仍然得到广泛应用，甚至在国家颁行的历书上也占有一席之地。我们翻阅中国历书便能发现，在标注阳历的阿拉伯数字下面还有一些汉字，这就是目前被中国人自己称作"阴历"（以与阳历相区别）或"农历"的中国传统历法，其中有月数、日期，有二十四节气，还有诸多节日名称，这些节日多是中国的传统节日。

在不少外国朋友眼里，中国传统节日的日期不固定，难以把握，这是因为他们总以阳历为参照，而没有将其放到中国传统历法中去认识。事实上，在中国传统历法中，这些节日的日期非常固定，以至于人们常用节日在历法中所处位置来称呼它，比如春节时在正月（一月）一日，被称为"大年初一"；元宵节时在正月十五，被称为"正月十五"；端午节时在五月五日，被称为"五月五"；七夕节时在七月七日，被称为"七月七"；中元节时在七月十五日，被称为"七月十五"；中秋节时在八月十五日，被称为"八月十五"；重阳节时在九月九日，被称为"九月九"；除夕时在腊月（十二月）最后一天，被称为"年三十"，等等。

当然，我们应该知道，所有这些节日之所以被称为传统节日，是因为它们都都有着十分悠久的历史，虽然沧桑变化，它们还是穿越时光隧道，从千百年前一路行来。

时间如风，来去无踪；星移斗转，天道无穷。时间的神秘流动，曾使古代民众对宇宙造化有着神奇的感受，"天何言哉，四时行焉"，四时的轮转将无限的时间纳入了有限的循环中，于是，时间也就有了可触的质感。在传统社会里，民众眼中的春夏秋冬不仅是自然时序代换的标志，而且是生命机体变化的标志。人们从生产与生活出发，格外关注自然时序的变化，由此形成了种种周期性的以消灾祈福的岁时仪式。中国民众将抽象的不可逆的时间，转换为具体的重复出现的日常生活，以有声有色的节庆礼仪作为时间段落的界标。

据学者们研究，早在先秦时期，随着历法的逐步完善、历日的确定，敬天顺时的先民们就渐渐将各种祭祀、庆贺、占卜、禁忌等活动集中于某些比较特殊的日子里举行，比如根据成书于公元前3世纪的《吕氏春秋·十二纪》记载，在二十四节气之一的立春日，周王要亲帅三公、九卿等迎春于东郊；在另一个节气夏至里，则要求君子斋戒，止声色，定心气，身安毋躁，由此出现了节日的萌芽。

汉魏时期，传统节日体系形成。这主要体现在：首先，传统节日中的绝大多数节日，如正旦、人日、正月十五、上巳、寒食、端午、七夕、重阳、春秋社日、立春、立夏、夏至、冬至、腊日、除夕等均已出现；其次，传统节日特定的习俗活动基本具备，后世的岁时节俗大多是在这一基础上的扩充与发展；再次，节日传说，如与寒食节相关的介子推传说、与端午节有关的屈原传说、与七夕节有关的牛郎织女传说等，都已出现，这些传说往往成为当时和后世民众对某些节日、节俗起源的经典解释或经典解释的蓝本。

与后世不同的是，汉魏时代的节日还具有较多的神秘性质。以岁末宫中大傩仪式为例，皇帝和文武官员则齐集殿前。选童子120人组成驱鬼队伍，他们头戴红帻，身穿黑衣，手中持鼓。还有人身披熊皮，手执戈盾，头戴假面，率领队伍呼喊舞蹈。傩舞反复三遍后，千人持火炬送疫疠凶鬼出端门，再由千名骑士接过火把送出司马门。门外又有五营骑士千人接过火把，送到洛水边，将火把投入水中。整个仪式充满了神秘感。此外，年节放爆竹、祀门神、挂桃弓苇矢，都意在驱鬼；上巳节要在河边举行驱除不吉的祓禊仪式；寒食节，人们在寒冬的黑灯瞎火里吃着冷冰冰的食物，小心翼翼地避免神灵的怪罪；端午节本来就被视为恶日，更是充满了除恶禳毒的色彩。总之，不少被后世称为佳节令辰的节日，在汉代还笼罩在驱鬼除邪的氛围之中。两晋南北朝之后，节日开始朝着娱乐性方向发展，节日游艺活动逐渐兴起，节日欢乐气氛明显增强。此外，这一时期又继承了汉代以来对节日、节俗来源进行传说化解释的趋势，产生了一些新的节日传说。如正月十五紫姑神传说、晦日送穷的庚约传说[2]、端午节追悼屈原的传说、重阳节登高避祸的传说等，都已成为节日的组成要素，成为节日传承过程中最为稳定的一部分内容。

　　隋唐宋时期是中国传统节日发展史上的重要阶段，这一时期，中国传统社会几乎全部重要的节日：元旦、人日、

---

[1] 据《荆楚岁时记》，相传紫姑为人家之妾，为大老婆所嫉，经常被驱迫至厕所、猪圈等处干脏活，后于正月十五日激愤而死。此后，人们每逢正月十五日，即迎紫姑出来问卜。传说庚约是个整日衣不蔽体、稀粥充腹的人，人们可怜他，送新衣服给他，他接过后，却会将其撕破或将其烧出一个个破洞后再穿，人们都叫他"穷子"。有一年正月晦日，他死在陋巷。后来人们就在正月晦日这天，用粥和破衣在巷中祭祀，叫做"送穷鬼"。

元宵、天穿日、送穷日、中和节、花朝节、上巳、寒食、浴佛节、端午、竹醉日、分龙日、七夕节、中元节、中秋节、重阳节、十月节、腊八节、交年节、岁除、立春、清明、立夏、夏至、立秋、冬至、春社、秋社、观音生日、梓潼帝君生日、真武生日、东岳帝诞辰、大禹生日、拜斗等，均已出现。另外，岁时节俗活动的娱乐化倾向在此时表现得更加明显。元明清时期，娱乐性的节日风俗仍在持续，与此同时，一些传承久远的节日或节日的若干习俗也开始被淘汰或渐渐淡化，或慢或快地退出了民众的日常生活。而20世纪初期以来，由于种种原因，传统节日更是处于衰微的地步。所以，今天历书上标明的传统节日，并非曾经存在的全部传统节日，而只是仍然活在我们生活中的那些。春节、清明节、端午节、七夕节、中秋节、重阳节等流传了千百年的节日，正是本书介绍的主要内容。

春节，是农历新年，处在年度周期与四季循环的新旧交替时间关口，以辞旧迎新为主旨，是节庆时间最长、流传历史最久、流传地域最广、过节人数最多的中华民族第一大节。为了辞旧迎新，人们从腊八（农历十二月初八）就开始进入年节阶段，腊月二十三祭灶后，就忙着蒸年糕、打糍粑、买春联、贴年画、包水饺、滚元宵，直到大年三十除夕日，家家户户在此起彼伏的爆竹声中围坐一起，饮酒言欢，享用旧年的最后一顿"年夜饭"；并在"守岁"

中等待新年的到来。当新年钟声在午夜时分敲响，天地间顿时烟花飞舞，鞭炮齐鸣，全国人民都欢腾起来。在以后的几天里，人们祭祖先，祀神灵，拜大年，贺新春，直到新年的第一个月圆之夜来临，春节才算过完。

清明在每年公历四月的四日、五日或六日，是一个春天的节日，一个死亡与再生交织的节日，一个欢乐与伤感共存的节日。节日期间，历来有着慎终追远、报本返始传统的中国人会来到先人坟墓前，添一锹黄土，焚一叠纸钱，进行缅怀和祭奠；与此同时，他们也会插柳，踏青，放风筝，荡秋千，在春意盎然的大自然中享受生命的快乐。

端午节在农历五月初五，在这个被中国人视为阳气过盛的夏季节日里，人们采草药，插艾蒿，用菖蒲，缠五色丝，划龙舟，吃粽子，从事各种各样的习俗活动以避瘟驱邪，并怀念屈原等历史人物。

农历七月初七是七夕节，是传说中牛郎织女鹊桥相会的日子。这一天，女子们会悄悄地躲到葡萄架下，听牛郎织女倾诉别后之情；她们还要穿针，观影，看巧云，吃巧果，以乞求上天让自己心灵手巧，多子多福，美丽动人。

农历八月十五是中国的团圆节——中秋节，在秋高气爽、丹桂飘香的时候，人们祭月、拜月、赏月、玩月，吃月饼，访亲朋，浪漫而充满人情的光辉。

　　"九月九，九重阳，菊花做酒满缸香。"农历九月初九是重阳节，这个以登高野宴、吃重阳糕、饮菊花酒、佩茱萸囊、遍赏菊花为节俗的日子，也是中国社会的老人节。

　　综观上面六个传统节日，可以说，每个节日都有自己特定的节期、特定的饮食、特定的活动、特定的传说，可谓个个"节"性鲜明。但同是中国的传统节日，这六个节日，又存在不少共性。

　　首先，它们都贯穿着阴阳和谐、顺天应时的观念和精神。阴、阳是中国古代哲学的一对范畴，也是人们理解自然和社会现象的基本概念。阴和阳，既可以表示相互对立的事物，又可用来分析一个事物内部所存在着的相互对立的两个方面。一般来说，凡是剧烈运动着的、上升的、温热的、外向的、明亮的，都属于阳；相对静止着的、下降的、寒冷的、内敛的、晦暗的，都属于阴。人有阴阳，女人为阴，男人为阳；数字也有阴阳，偶数为阴，奇数为阳。阴与阳既对立又互补，无论是在哪个领域，无论是在自然界还是人类社会，或是一个人本身，阴阳和谐便平安吉祥，阴阳失调就会发生天灾人祸。在中国人的世界里，阴阳和谐是一种追求。面对阴阳失调，人们应该顺天应时，通过自己的努力去调节阴阳，以达到和谐。这样的观念对中国古代政治、哲学、宗教、医学、伦理、军事、天文、历法等领域都发生了深远影响，节日也不例外。上述几个节日多是被视为阴阳失调的日子，其种种节俗活动在其起源之初，总是因阴阳消长而做出顺天应时的相应努力。

其次，它们都拥有尊神敬祖、敦亲睦族、热爱生活的文化品格。而这正是中华民族价值观念、道德观念、行为模式、审美情趣的集中表现。

再次，它们无不有着千年的历史，负载着厚重的文化积淀，是中华传统文化的华美篇章。在这些华章里，刻写着中华民族的悠久历史，传递着中华文明的集体记忆。而正是包括这些集体记忆在内的、关于中华民族历史与文化的全部集体记忆，形成了坚定不移的民族认同感和持久不衰的民族向心力、凝聚力。

再次，它们在唐宋以后都营造了一个轻松欢快、相对自由的生活时空。每当节日来临，大家都兴致勃勃地参与其中，祭祀给予自己恩惠的神灵祖先，会见平日难得见面的亲朋好友，跳起节奏明快的舞蹈，品尝特定的美味佳肴……由是，一个节日就成了日常生活道路上的一个驿站。借着它，为谋生而终日忙碌的人们可以暂时歇歇脚，缓缓神，让疲劳困倦、紧张压抑的身心得以放松，将平日因疏于交往而中断的联系重新接续，使个体的孤独无助感消泯于群体的融洽之中。经过短暂调整，人们会再次积聚起拼搏的热情和能量，投入到生产和工作中去，直到下一个节日来临……

　　也许理解了这些，我们就能明白，为什么这些节日能够穿越时光隧道，在今人生活中持续散发着熠熠光辉。

第一章　红红火火迎新年

　　震耳欲聋的爆竹声此起彼伏，鲜艳夺目的春联贴上门框，热气腾腾的饺子端上餐桌，男女老少换上新衣互道祝福，我们知道，这时候，中国人迎来了他们一年当中最盛大最隆重的节日——春节。

　　春节，是中国传统历法夏历（俗称阴历、农历）中的一岁之首，即新年。作为新年的"春节"，在1911年辛亥革命以前被称为新正、元日、元旦、正旦、三元日等。自汉武帝颁行太初历始，新年就定在夏历的正月初一，此后历代相沿。辛亥革命以后，为了在时间上与世界同步，打破王朝纪年，推行西历（俗称阳历、公历），使用公元纪年，政府将公历一月一日定为元旦，将夏历正月初一称为春节。

　　其实，春节本来并不指岁首，古代的春节为立春之节。立春是二十四节气中的第一个，也是传统社会里一个非常重要的节日。由于农业是民生的主业，农业有很强的季节性，春天对于传统社会的民众来说是充满生机与希望的时节，正所谓"一年之计在于春"。古代帝王为了表示对天时的尊重，在立春到来之前的三天就开始斋戒，立春当日"亲帅三公九卿诸侯大夫以迎春于东郊"（《礼记·月令》），以显示官方对时间的把握及对农功的督导。

正如我们在开篇中所说，我国传统历法是一种阴阳合历，它"将二十四节气与朔望月配合使用，并用闰月的方法弥补历年与太阳年的岁差"，从而使得传统历法的岁年与四时节序基本上是同步循环的，就是说新的年度周期的开始也即新一轮季节循环的开端。这样，立春就与岁首或前或后相差不过几天。尽管"十年难逢初一春"，岁首适逢立春的时节比较少见，但立春与新年毕竟在同一时段，而民俗又重新年，所以人们在庆贺新年的同时喜迎新春。因此，现代的春节可谓包括了近代以前的立春与岁首两大节日，所以用"春节"称谓新年可谓名正言顺、合情合理。

春节是中华民族的大节，除了汉族以外，还有诸多少数民族如满族、蒙古族、鄂温克族、回族、土家族、侗族、瑶族、壮族、白族等等也都过春节。春节有着悠久的历史与丰富的文化内涵，它凝结着中国人的伦理情感、生命意识、审美趣味与宗教情怀，是民族文化传统的集中展示。

在中国，春节也叫过年，过年要持续相当长的一段时间，从旧年腊月祭灶拉开序幕，一直要到新年的正月十五

贵州少数民族春节（柯佳摄）

闹过元宵才降下帷幕。其中，旧年的最后一天（除夕）和新年的第一天因为处在辞旧迎接的关键点上，尤为人们所看重。

关于中国人为什么要过年，民间流传着不少传说，其中一则是这样解释的：

> 相传很久很久以前，先人们曾遭受一种最凶猛的叫"年"的野兽的威胁。年身躯肥壮，力大无比，捕百兽为食。每到冬天山中食物缺乏时，它就会闯入村庄，猎食人和牲畜，弄得百姓惶惶不安。人们不断地与"年"作斗争，后来渐渐发现年怕三种东西：红颜色、火光和响声。于是，人们便在自家门上挂起红颜色的桃木板，在院里点燃火堆，并将竹子放进火里使它发出僻僻啪啪的声响，然后关上院门，通宵不睡，等候年的等来。这天夜里年果然来了，但它闯进村庄后，看到了红色和火光，听到了震天的声响，吓得扭头就跑。长夜过去，摆脱了年兽侵扰的人们纷纷打开家门，走上街头，互相祝贺道喜，甚至饮酒摆宴，欢庆胜利。以后每到这个时候，人们都贴春联，燃爆竹，守夜不睡，第二天清早互道祝福，相沿成习，一代一代流传下来，便形成了过年的习俗。

这则传说虽然听来荒诞不经，但它却以象征的手法描绘了人对待以年为代表的"旧时间"的态度。在中国民众的传统观念中，时间类似生命机体，它有新有旧，有生有死，有善有恶。岁时循环以年度为周期，循环不是追随旧轨的重复，而是新一轮的循环，而且新为"善"，旧为"恶"；旧的不去，新的不来。因此，在新旧时间交替的时候，人们就会举行一系列严肃的仪式将旧年送走，将新年迎来。由此，驱旧与迎新就构成传统春节的两大主题。以岁首为分界线，岁前驱邪除秽，岁后迎新纳福。

随着时间的流逝，年俗发生了许多变化，对于各种年俗的解释也与古代有了极大的不同。年兽作为旧时间象征的意义逐渐被人们忘却，欢快、喜庆、祥和成为新年的现代主题，春节成为带有强烈娱乐色彩和礼仪色彩的普天同庆的佳节良辰。当然，许多做法依然沿袭着传统的形式。

"二十三，糖瓜粘。"腊月二十三（有的地方是二十四）是祭祀灶神的日子。灶神，民间亲切地称其为灶王爷和灶王奶奶，是公认的一家之主，他们的神位安置在厅堂或厨房。每到这一天，"一家之主"都要上天给玉皇大帝汇报这一年来家里发生的种种事情，介绍家里人的各样善行和恶行，玉皇大帝则根据汇报决定对每个人的奖惩。因此，对于这家人来说，灶王爷的汇报实在关系重大。为了让灶王爷汇报的时候多说好少说歹，人们不仅恭恭敬敬地送他上天，还想出了让他吃糖瓜的妙计。人们用竹篾或麦秸为他扎好升天的马，并用胶牙饧即麦芽糖进行祭祀，希望吃了糖的灶王爷说出的话儿能像糖那样甜。对此，北京有首俗曲唱道：

除夕日张贴新的灶神像，预示着新的一年马上要开始了。（张勃摄）

　　腊月二十三，呀呀哟，家家祭灶，送神上天，祭的人间善恶言。一张方桌搁在灶前，阡张元宝挂在两边。滚茶凉水，草料俱全，糖果子糖饼子，正素两盘。当家人跪倒，手举香烟，一不求富贵，二不求吃穿；好事儿替我多说，恶事替我隐瞒。

　　对于不吃请的灶神，人们也有办法对付。据说灶神平时会用屋尘作为记载人间过错的备忘录，为了让灶神上天言好事，人们就用扫尘，即打扫房屋清除灰尘的方式毁掉他的备忘录。这种方法能否奏效，当然是见仁见智了，不过借此打扫房屋，干干净净过个年倒是没有问题了。

　　祭灶之后，紧张的忙年活动就开始了。有首流传很广的童谣用既押韵又简练的语言描述了这个阶段的活动："二十五，做豆腐；二十六，蒸馒头；二十七，赶集上店买东西；二十八，把猪杀；二十九，做黄酒；三十，家家捏饺子。"从中可见食品在节日中占有重要位置。大凡中国传统节日，几乎都有特定的节日食品。细究起来，这不仅是因为中国人素有"民以食为天"的传统，还因为中国人有用饮食表达象征意义的习惯。

　　饺子是一种以面皮包馅、形如半月或元宝形的食品，也叫扁食、煮饽饽，乃北方民众过年不可或缺之物。有首民谣唱得好："夏令去，秋季过，年节又要奉婆婆。快包煮饽饽。皮儿薄，馅儿多，婆婆吃了笑喝喝。"饺子之所以成为北方过年的标志性食品，一方面是因为它本身味美，俗话说："舒服不过躺着，好吃不过饺子。"在生活并不富裕的传统社会，普通人平日难得吃上一顿大馅的饺子，所以过年饺子被认为是最好的食品。更重要的原因是：饺子是时间变化的象征物。在民俗观念中，新旧年度的时间交替在午夜子时（大致相当于夜里零点左右），在除夕与新年交替之际，全家吃饺子以应"更岁交子"时间，表示辞旧迎新。而且白面饺子形状像银元宝，一碗碗端上桌，还有"新年大发财，元宝滚进来"的吉祥寓意。

　　磨豆腐过年，是传统社会的年节民俗项目。即便在今天，许多人不自己磨豆腐了，但也要从市场上买来一些，做豆腐干、豆腐丝、豆腐圆子等。因为豆腐谐音"都福"，有福又是中国人最普遍的追求，吃豆腐能博得个"都福"的口彩，难怪大家都乐此不疲。馒头也是传统年节食品。过年蒸馒头一般都特别讲究，往往不仅要斤两精准，而且要光洁好看。比如在山东省高密一带，馒头有四两、八两、一斤、一斤六两等多种，做的人要将面团一一用秤称过才放心。每个馒头里面都要包一颗红枣，以寓意来年幸福安康。

　　在中国许多地方，年节食品中不可或缺的还有猪肉和粘糕。过去许多人家都养有年猪，等到年底宰杀。在一些地方，年猪有"福猪"之称。粘糕有糯米和黍米两种，都富有黏性，在汉语里，粘糕谐音"年高"，即年年俱高、一年更比一年好的意思。因此，粘糕现在常常就被叫做"年糕"了。

　　年节的食品当然还有很多，不同民族、不同地域心灵手巧的民众总是用智慧和技能将节日食品准备得丰富多彩，并借以表达他们对于美好未来的热切希望和真诚祝福。

　　在紧张的忙年活动中，准备节日食品固然不可缺少，但购买春联、门神、年画等也同样重要。

水饺鸡蛋
——山东省微山县赵庙乡大年初一的早餐

豆腐谐音"都福"，是传统年节食品

　　春联是一种门饰，通常包括上联、下联和横批三部分。上、下联一右一左张贴于门框两边，横批则贴于门楣之上。据学者研究，宋代以前人们并不张贴春联，而是悬挂写有辟邪祈福字样的桃符，桃符一年更换或刷新一次，所以宋代文学家王安石有诗云："爆竹声中一岁除，春风送暖入屠苏。千门万户曈曈日，总把新桃换旧符。"（《元日》）随着时代的发展，人们在桃符上书写的字越来越多，逐渐形成了对仗工整的吉祥联语。相传五代后蜀国主孟昶是第一幅名联的作者，他撰写的"新年纳余庆，嘉节号长春"的联语，开创了雅俗共赏的文学新体裁。

　　门神也是一种门饰，最早是桃木刻成的偶人，大约在汉代时，变成了两个人形图像：一个叫神荼，一个叫郁垒。

神荼、郁垒本是专门负责捉拿祸害人间恶鬼的神灵，被人们在过年期间用以把守门户，这样，魑魅魍魉都会被拒之门外了。门神在后世也有变化，常见的门神还有秦叔宝和尉迟恭，他们都是跟随唐太宗李世民南征北战的著名大将。民间传说，经历了隋末唐初的残酷战争之后，唐太宗经常梦见鬼魅在寝殿外呼号，难以入睡，就让秦叔宝和尉迟恭晚上站在寝殿门外把守，从此鬼魅再也不敢前来侵扰。此事传出去，希望驱鬼的老百姓便将他们的画像挂在门上，他们也就慢慢变成了民间通行的门神。

随着神异色彩的淡化，门神像逐渐成为装饰屋宇、祝增添喜气的年画。年画题材广泛，名目繁多，除了鲤鱼跳龙门、连年有余、招财进宝、四季平安、天仙送子、天官赐福等表达祈福愿望和迎新旨趣的外，还有许多以民间传说、民间故事为内容的，什么天河配、盗仙草、西厢记，什么三娘教子、文姬归汉、哪吒闹海等，无所不包。

当红红的春联、威武的门神、好看的年画张贴起来，萧索的冬日被涂上浓浓的亮色，旧年的最后一天也就来到

土家族人杀年猪，将成块的猪肉裹上食盐、花椒、五香粉等腌一段时间，挂火坑上熏干，就成为美味可口的腌熏腊肉。（张勃摄）

糍粑，用蒸熟的糯米捣成泥制作而成，象征丰收、喜庆和团圆，在南方一些地区是过年必备之品。（萧放摄）

了。旧年的最后一天，俗称"除夕"，也叫"年三十"，是个家家团圆、户户喜庆的日子。俗话说："有钱没钱，回家过年。""一年不赶，赶年三十晚。"这一天，人们无论多忙，总要放下手头的工作，回家与亲人团聚。此时此刻，那些因故不能回家的人，就会有一种无法排解的漂泊感和孤独感，有一句唐诗很能透露这种心情："一年将尽夜，万里未归人。"（戴叔伦《除夜宿石头驿》）

除夕吃"年夜饭"，是一年当中最温馨最快乐的时刻。有荤有素、有冷有热的菜肴摆满一桌，其中必有丸子一类（如肉丸、鱼丸、藕丸等），因为丸子象征完完全全、团团圆圆；又有鸡有鱼以寓意吉庆有余，来年兴旺。北方地区往往还要吃饺子，有辞旧迎新之意。男男女女、老老少少，全家人欢欢喜喜地围坐在一起，边吃边聊，谈谈新年的憧憬，说说旧年的收获。人们不仅是品尝佳肴盛馔的美味，更是享受全家和睦相处的其乐融融。更值一提的是，这时候，人们不仅讲究家人欢聚共宴，还格外强调与祖先共度佳节。为此，人们会提前到坟上接家堂，将祖先的神灵请回。鬼魅逐出，天神送走，祖先请回，阖家团圆，充分体现了中国人的伦理情感。

年夜饭往往吃到很晚，但结束后人们并不睡觉。在这个"一夜连双岁，五更分二年"的特殊日子里，他们习惯于紧闭家门，坐在室内，拉家常，玩游戏，以通宵不眠的形式守候着新年的足音。

零点的钟声一敲响，整个中华大地立刻进入鼎沸状态，人们以惊天动地的爆竹与升腾的焰火，昭示并迎接着新年的到来。开门迎年是春节凌晨的传统风俗，旧年紧闭的大门，在新年到来的那一刻唰地打开。一关一开之间，已将民众的时间观念表现得淋漓尽致。年夜关门团年，意味着人们与旧年联系的隔断，开门迎年，则意味着人们重新回到了时间之中，而且是开始拥有新的时间。新年的第一天，就意味着"一元复始，万象更新"。

　　拜年是春节岁后的主要活动，又叫贺年、贺岁、叩节、庆节等，是人们在度过旧岁迎来新年之际，互相庆贺，以祝新生的活动。在许多地方，拜年都是有时间顺序的，广东海丰有一首新年歌唱道："初一人拜神，初二人拜人，初三穷鬼日，初四人等神。"说的就是当地拜年的时间进程。

　　在过去，人们拜年总是既拜神，又拜人。

　　总体而言，中国是个多神崇拜的国家，人们相信各种各样的神灵左右着家庭和个人的祸福吉凶，所以在新年开始之际，会格外重视对神灵表达敬意。例如在江苏淮安一带，接天地神是元旦的第一件事。届时设桌子一张，桌子前面挂红的帷布，桌上靠外处放香炉烛台，里面摆五双筷、五只碗、五只酒杯。在天井中央放铁火盆一个，上架十几段木柴，成井字形。两边各放芦柴两把，上面再放些松枝等物。另有挂当几张，纸锞几挂，叫做"元宝盆"。仪式由家长主持，点燃香烛，倒满酒，摆上各种祭品，如猪头、猪蹄、公鸡、鲤鱼等。另外还要两把葱，用红纸裹住上下两头，分置两边。这些放在一个长方形的木盘中，再放在桌上。家长用火剪夹着花皮，四周绕一圈，再用它把元宝盆点燃，最后把花皮送出大门。整个仪式热闹而隆重。春节期间，到庙宇烧香也是许多人的选择。

　　各种神祇之外，接受祭拜的还有祖宗之灵。有家庙祠

鞭炮、香烛也是过年的必备之物。（张勃摄）

待售的春联、年画成了街上一道亮丽的风景。（张勃摄）

门神（张勃摄）

富贵有馀（年画）

堂的，仪式就在家庙祠堂中举行，没有的，便在家里安置祖先牌位，或者悬挂家堂、祖宗遗像，摆上种种供品，进行祭拜。

　　人拜人一般有两种，一是本家族之内的拜年，通常是小辈依次向长辈叩头恭贺新禧。届时，长辈将用红纸包着的银元或崭新的纸币送给他们，叫做"压岁钱"，这既是喜庆的贺岁之礼，也暗示长辈给予幼儿以保护。另一种是邻居、朋友、亲戚之间相互拜贺。这种拜年往往从正月初一开始，但并不仅限于正月初一，整个正月都可以祝贺"新春大吉"。

在中国，拜年十分重视登门入户，面致祝福。所以届时，家家都要备好各种节令食品，等候着亲朋好友的光临。比如，在广东广州，看到亲戚朋友衣着光鲜、兴高采烈地前来拜年，主人就会让坐，并拿出一个八果盒，中间是红瓜子，周围有莲子、马蹄、椰丝、莲藕等物。主人请吃时，要说"捡金"，再请吃时要说"捡银"。如果是没有结婚的少年或小孩拜年，受拜者一定要给些"利市"。

倘若亲戚朋友太多，或者空间距离太远，难以遍访，也可以用其他方式替代。在现代，电话拜年、短信拜年、电子邮件、贺年片拜年已经蔚然成风。在古代，也有类似贺年片的事物，叫拜年帖。主人派一个仆人，带着一堆年帖，四处分送。明代北京东西长安街住户大多是朝廷官员，来拜年的特别多，拜年的人不问张家李家，只管从东街到西街，一路"望门投帖"。拜年帖是一个红纸片，上面写"某某拜贺"，所拜的主人名字都没有。被拜的人也是应付，要么设个门童，要不干脆在门口准备一个红纸袋，称为"代僮"，专门接拜年帖子，或者准备一个门簿，来客登记留名。有意思的是门簿首页往往虚拟"亲到者"四人：一是寿百龄老太爷，住百寿坊巷；一是富有余老爷，住元宝

北京春节期间的东岳庙会（萧放摄）

街；一是贵无极大人，住大学士牌楼；一是福照临老爷，住五福楼。这样做了无非是为了图吉利、讨口彩，从中可以看出中国民众对于新年大吉、万事如意和福、禄、寿、财的追求。

中国民众是如此热衷于在新年伊始表达自己的人生愿望和喜悦之情，所以他们还不断投入到拜年之外的其他习俗活动当中，如送穷鬼，迎财神，过人日等，掀起一个又一个年节小高潮，直到正月十五这个最富有华丽色彩的日子来临。

祭祖（张勃摄）

祭天地国亲师（张勃摄）

　　正月十五，又叫元宵节、上元节、元夕，是新年的第一个月圆之夜。中国人对月亮有着特殊的感情，这新年的第一个月圆之夜，在民俗生活中自然具有非同寻常的意义。如果说春节是一台由家庭向乡里街坊逐次展开的社会大戏的话，那么元宵就是这台大戏的压轴节目。宋代大词人辛弃疾曾经作过一首《元夕》词，其上阕写道："东风夜放花千树，更吹落，星如雨。宝马雕车香满路。凤箫声动，玉壶光转，一夜鱼龙舞。"寥寥数语就描绘了元宵节灯火辉煌、歌舞欢腾的热闹场面。可以说，正是元宵的灯火、元宵的游人、元宵的锣鼓、元宵的歌舞共同编织着良宵美景，构

元宵的灯火、元宵的游人、元宵的锣鼓、元宵的歌舞共同编织着良宵美景，构成了中国传统节俗的独特景观（张勃摄）

成了中国传统节俗的独特景观。

　　挂灯赏灯、燃放烟火，是元宵节的一项重要习俗活动。据学者研究，元宵张灯的习俗来源于上古以火驱疫的巫术活动，后世民间正月十五以火把照田、持火把上山等活动就部分保存了这一习俗的古老形态。随着佛家燃灯祭祀的风习流播中土，元宵燃火夜游的古俗，逐渐演变为元宵张灯的习俗。不过，对于此项节俗的起源，民间更愿意用生动的故事加以解释：

> 相传很久以前，天上有一只神鹅降落到人间，被一个猎人射伤，这件事让玉皇大帝大发雷霆。为了替神鹅报仇，他决定派天兵天将于正月十五这天火烧人间。天庭中有个善良的仙女很同情下界百姓，便冒险下凡将这一信息透露出来。得知消息的人们迅速聚在一起商量对策，后来他们想出一个办法，就是到正月十五时家家户户要门前挂红灯，燃放烟花，做出人间已被火烧的假相，骗过玉帝的眼睛。这招还真奏了效！当正月十五这天，天兵到人间准备执行玉帝命令时，发现地上已经处处火光，便以为火已经烧起来，遂连忙禀报玉帝不用再去放火，玉帝准奏，人间的生命和财产由此得到保全。为此，以后每年正月十五都要张灯结彩，放烟花，这个习俗一直延续到今天。

且不论元宵节张灯习俗究竟何时、因何兴起，但我们肯定至少在唐代元宵节就已经非常兴盛了，以后各朝的元宵节，也无不重视灯的制作、观赏和使用，发展到今天，灯彩已经成为重要的传统民间艺术。每到佳节来临之际，传统的羊皮灯、夹纱灯、玻璃灯、橘子灯、走马灯、宝莲灯、人物灯，近代的机械灯、电光灯等，就在大街小巷张挂起来。夜幕降临，万灯齐燃，上也是灯，下也是灯，左也是灯，右也是灯，这是真正的灯的海洋、灯的世界，置

2008年济南趵突泉公园元宵节灯会中的灯彩（张勃摄）

身于灿烂夺目的灯的光影之中，赏灯的人们一时间竟有些飘飘欲仙起来，少不得发出"今昔何昔，入此佳境"的感叹。有趣的是，灯上还往往设有谜语，供游人猜射，叫做灯谜。灯谜虽是艺文小道，不登大雅之堂，但是上自天文，下至地理，诗辞歌赋，经史子集，无不在它的范围之内，没有广博的知识，不掌握一定的猜谜技巧，要猜中谜底绝非易事。在结伴观灯的场合，共同做着猜谜的游戏，猜得中固然好，猜不中也无所谓，本来人们在此时图的只是个心情舒畅。

烟火兴起于宋朝，当时皇宫元宵的高潮就是燃放烟火，"宫漏既深，始宣放烟火百余架，于是乐声四起，烛影纵横"（周密《武林旧事》）。随着科技的发展，烟花制作愈精愈奇，千姿百态，无所不有。过去在北京，每年一进腊月，城内就辟出临时的花炮市，出售各种各样的烟花爆竹，有鞭炮、麻雷子、双响儿、旗火、炮打灯儿、炮打襄阳城、太平花、金盘落月、金钱、八角子、花盆、花盒等。灯节期间，市肆各大商号为了招徕顾客，纷纷举办街头烟火大会。它们往往预先贴出大幅红纸"海报"，说为了共庆元宵佳节，定于何时在何地燃放烟火，希望大家届时光临。往往在一条街上就有四五家乃至七八家烟火店铺，各家互不示弱，形成对擂局面，令旁观者大饱眼福。一些较小的商店，虽无力参与竞赛，也会放几筒花，点几挂鞭，图个吉利热闹。

一些地方的土烟火制作也别具一格。比如晋中地区的"架火"，用十三张大方桌，叠垒起来，高约四五丈，用八条大绳牵拴。方桌装饰成亭台楼阁，内布各种景观，多为戏文片断。每层外悬三十六颗特制的大爆竹，共四百颗左右，八条大绳，也均以花炮装饰。整个造型，如十三级宝塔，称为主火。主火周围，又有许多小玩意儿，与主火用火药捻相连。整个架火点燃后，主火辉煌璀璨，四周爆竹声隆，十分壮观。

俗话说："正月十五闹元宵。"一个"闹"字，就点明了元宵节的喧闹和欢乐。张灯赏灯是闹，燃放观看烟火也是闹，但最能表现元宵节"闹"的，还是社火的盛大演出，有的地方叫"闹红火"。在锣鼓铙钹的喧闹声中，龙灯耍了起来，狮子舞了起来，高跷踩了起来，旱船跑了起来，打花棍的、扭秧歌的、骑竹马的、赶黑驴的，无不用他们特有的形式表达着喜悦之情和祝福之意。在山东淄博周村，有种叫芯子的民间艺术形式，格外引人注目。据说芯子的发明是聪明的周村人从高跷和蜡烛灯台中得到的启发。根据演员的多少，"芯子"分为单人芯子、双人芯子、三人芯子、多人芯子等多种形式，"踩芯子"的演员要宽衣博带，浓妆艳抹，打扮成不同的戏剧人物，如梁山伯与祝英台、张生与崔莺莺、许仙与白娘子等。他们被绑缚在高高的铁杆之上，和着锣鼓的节奏悬空表演。演员通常是精心挑选

扭秧歌，闹红火（张勃摄）

周村芯子（选自山东省地方史志编纂委员会编《山东省志·民俗志》，山东人民出版社，1996）（张勃摄）

出来的五岁至十一岁的孩子。他们既要扮相俊秀，又要形体轻巧，还得有一站就是几个小时的吃苦耐劳精神。抬芯子的轿是民间工匠精心设计制造的木质框架，根据规模及剧情不同而彩饰成亭台楼阁、石桥彩虹、山川、云端或花卉等，精雕细刻，造型优美。在周村，芯子一出动常常是一连十几台，凌空而来，飘然而去，把惊险和欢乐带给人们。人们也总是欢呼着，赞叹着，兴高采烈地跟随演出队伍走出好远好远。

元宵节是热闹的，热闹的元宵节往往持续好几天时间。正月十五只是其中最重要的一个日子。在这段日子里，也不仅仅只有上述节俗活动，各地的人们总是用各种约定俗成的活动表达着自己的愿望和祈求。比如贵州黄平部分苗族正月十五过"偷菜节"，姑娘公开"偷"菜，做白菜宴，谁吃得多，谁就能早日找到如意郎君，同时她养的蚕也最壮，收获的蚕茧也最多最好。在台南，没有出嫁的女子以偷得他人的葱为吉兆，民谚说："偷得葱，嫁好公；偷得菜，嫁好婿。"又比如在山东定陶，正月十六有灸百病的做法，即用点燃的艾烧烤或摩擦特定的物品，灸百病时还要说着："年下的香，端午的艾，正月十六灸裤带，灸的小孩不生癞，灸得百病都不害。"人们也可以拿着艾在自家的门枕、梁头上来回摩擦几下，叫"正月十六，天不亮灸门枕，灸门框，金的银的往家扛，灸梁头，金的银的往家流"。

民间还有卜灯的习俗。捏十二盏面灯，一盏代表一个月，放入锅中蒸熟，根据灯盏中水的多少判断当月雨水的多少。（叶涛摄）

元宵原本是南方的元宵节食品，现在在北方的街头也可以买到。（张勃摄）

　　在江苏南京，每到正月十六，来自四面八方的人们会不约而同地登上城墙，眺望远景，呼吸清新空气，流连于城头上的各种小摊点，叫做"爬墙头"，又称"踏太平"或"走百病"。南京人认为这样新年可以百病不生。在贵州赤水，元宵节的黄昏，孩子们点燃香烛，插在田的一旁，嘴里叫着"蝗虫，腊花土虫，碾到河的那边去了"，这叫做碾蝗虫。碾过蝗虫后还要碾耗子。各房内都点燃灯，用绳系好草鞋和砂盔棒。前面两个小孩扯着绳，后面两个小孩拿着响槁乱敲，并高声喊道："草鞋倒倒梭，碾落耗子窝，一年碾落十二窝。"若是闰年，就喊"碾落十三窝"。这就叫做碾耗子。碾过后，将绳、鞋、响槁等，都从门里扔出去。还有在四川成都，新嫁了女儿的人家，在元宵节这天，必须买一盏漂亮的台灯和面粉制的小老鼠，送到女儿的夫家，叫做"送灯"，俗信这样可以多生孩子。

当然，元宵节期间，人们还忘不了吃元宵。元宵用糯米细粉制成，圆形，以核桃仁、芝麻或桂花等为馅，又称汤团、圆子、上灯圆子等。在祭祀祖先之后，家人老乡一起享用圆子，象征全家人和睦幸福、团团圆圆，生活、事业也都吉祥如意、圆圆满满。

在不同地方、不同民族，元宵节的习俗都不同，我们很难将其一一列举。但所有在这里可见的与不可见的活动，都让元宵节足以成为中国人日常生活中最洋溢着激情的"狂欢"节。人们尽情地唱，尽情地笑，尽情地舞，尽情地闹，去祈求婚姻的美满、子嗣的绵延、年岁的丰收和身体的康健！元宵节用全民狂欢为春节划了一个华美完满的句号，一如天上那轮光明圆润的月亮。

春节是温馨的，家人、亲戚、朋友、邻里在这个特定的时间里纷纷出场，一起聊天，一起游戏，交流着，沟通着，送上彼此的祝福，将平时疏远的关系重新连起。

春节是热闹的，脆响的爆竹、大红的春联、喜庆的年画、翻腾的龙舞都昭示着生命的激情和活力。

"一年之计在于春"，春节拉开了新年的序幕，也奏响了春天的乐曲。度过了春节的人们，将一切烦恼与霉运都留在了旧岁，他们会满怀生命的激情去追寻新的希望……

第二章　扫墓踏青正清明

　　清明，在民间号称三大"鬼节"之首。"鬼"在古代社会并非贬词，人死为鬼。鬼者，归也。人离开现世，归向一特定的神秘空间，是传统中国人魂灵信仰的有机组成部分。中国境内民族大多有清明或类似清明的祭祖日，对祖先的追悼与祭祀是传统社会民众生活的重要内容。时至今日，祭祖仍为民俗生活中的大事。每年清明时节，不仅居住在附近的亲人要上坟祭扫，大批旅居海外的华人、港、澳、台同胞也纷纷赶回祖籍，祭奠祖灵。而陕西桥山的黄帝陵、轩辕庙是中华民族共同的祭祀地，每当清明时节，炎黄子孙都在这里汇聚，从虔诚拜叩的肢体语言中，我们能读出"血浓于水"的民族情感。

　　传承至今的民俗大节中，唯有清明是以节气兼节日的民俗大节（冬至虽在历史上有相当地位，但现今影响较小，局部地区除外）。作为二十四节气之一，清明主要是作为时令的标志，时间在冬至后一百零七日、春分后十五日，公历的4月5日前后。《淮南子·天文训》说：春分后十五日，

清明节是祭祀先贤、亲祖的时间。（贺学君摄）

北斗星柄指向乙位，则清明风至。清明风古称八风之一，温暖清爽。在和煦的春风之下，天地明净，空气清新，自然万物显出勃勃生机，"清明"节气由此得名。清明是春耕春种的农事时节，农谚有："清明前后，种瓜点豆。"清明在农事上的指导意义至今仍服务着农人的生产活动。汉魏以前，清明主要指自然节气，它是与农事活动密切关联的一般节令。后世成为清明重要节俗内容的祭祀活动，此时由另一民俗节日承载，这就是寒食节。寒食在清明前两日或一日，禁火冷食、墓祭及巫术性游戏等构成了寒食节俗的特殊景观。

关于清明节和寒食节的起源，民间还有一则流传甚广的传说。

风云际会、变乱频仍的春秋时期。晋国公子重耳因国难流亡在外，跟随他一同逃亡的还有赵衰、狐偃、介子推等诸位臣子。这一行人跋涉于山水之间，历尽了千辛万苦。一次，他们迷了路，找不到东西吃，重耳也饿得奄奄一息。眼看走投无路，他绝望地说："重耳饿死事小，只怕晋国的老百姓没有出头之日了。"介子推听后，不由一阵感动："公子在落难时仍不忘子民，将来必定是个贤君，我要救他性命。"于是偷偷从自己的腿上割下一块肉，煮给重耳吃了。重耳知道后非常感激，说："你如此待我，将来一定要好好报答！"介子推却说："不要说什么报答！我只盼望公子日后多多关怀百姓疾苦，做一个清明的国君。"

后来重耳果然当上国君，就是赫赫有名的春秋五霸之一的晋文公。他一一封赏流亡期间跟随他的诸位大臣，却独独遗忘了介子推。有人为介子推抱不平，在重耳面前提

山西介休绵山介公祠中的介之推像（张勃摄）

起往事，他才翻然醒悟，亲自带人到介子推的老家探望。但介子推早已和老母隐入绵山，不见了影踪。这时有人献计，说介子推是个孝子，只要放火烧山，他就会背着母亲跑出来。眼看没有更好的办法，晋文公便下令在山前山后放火。但大火烧了三天三夜，也未见介子推母子。后来发现两人已烧死于一棵柳树下，介子推身下还压着一片衣襟，上面斑斑驳驳有几行血书："柳下做鬼终不见，强似伴君作谏臣。割肉奉君尽丹心，但愿主公常清明。倘若主公心有我，忆我之时常自省。臣在九泉心无愧，勤政清明复清明。"晋文公看罢，又是难过又是悔恨，遂将这一天定为寒食节，通令全国不许动火，一律吃冷食。

第二年，文公带领百官到绵山祭奠介子推，先在山下寒食一日，第二天上山一看，发现去年那棵老柳居然又发出嫩绿的新枝。他百感交集，摘下数条，编了个柳圈儿戴在头上，群臣一见，纷纷效仿。这天恰是二十四节气之一的清明，晋文公就封这棵柳树为清明柳，定这天为清明节。

以上这则传说是目前民间流传最广的对清明节起源的解释，它表达了民众对一个心怀天下、忠心耿耿、孝顺事亲、却遭遇不幸的悲剧人物的深刻同情，是民众最真实最美好的情感的艺术表达，但并不足以解释清明节真正的起源。

　　据学者研究，清明真正成为民俗节日是在唐代，它走了与其他传统节日生成的不同路线。古代节日一般依据节气时令，但也有脱离节气时间点，另外生成的民俗节日，如从立春发展出新年，从夏至发展初端午。但从清明却没有另外发展出一个节日，反而是将寒食节俗收归自己名下，与此同时也改变了自身性质。清明在唐宋以后具有时令与节日的双重意义，并且节俗意义日渐增强。四时八节中，清明出现较晚，影响却相当深远，缘何如此，耐人寻味。

　　清明虽然晚出，却有着久远的历史源头，它是传统春季节俗的综合与升华。中华民族向来重视对祖先的祭祀，上古四时祭仪中春季祭祀宗庙的大礼称为春礿（后为春祠）之礼，当时尚无墓祭的礼俗，要祭逝去的先人，就立一名为"尸"的神主在宗庙祭祀。春秋战国时期，墓祭风气渐浓，据《孟子》记述的一则笑话说：齐国有一个无所事事又颇好脸面的穷人。其人外出，常常醉饱归家，声称自己有诸多富贵朋友，对妻妾颐指气使。其妻生疑暗地跟踪，发现丈夫并没有出入于富贵之家，而是乞讨于墓地之间。由此可见当时已有了在墓区祭拜先人的习俗。但这种习俗似乎还限于有一定社会地位的人家，对于身份低微、财力薄弱的庶民阶层来说，并不普遍。到了汉代，随着儒家学说的流行，宗族生活的扩大，出于现实社会生活的需要，人们返本追宗的观念日益增长，人们对于祖先魂魄托寄的坟墓愈加重视，上墓祭扫之风转盛。当然，受过刑罚肢体伤残的人，是不能上墓地祭祀的，因为古有名训：身体发肤受于父母，不得毁伤。肢体残缺者，没有资格见祖先。

从古代礼经的记载看，古代并没有春季上墓祭扫的例规，但唐时已成风气。唐玄宗鉴于当时寒食上墓祭扫风气的盛行，下诏"士庶之家，宜许上墓，编入五礼，永为常式"。朝廷以政令的形式将民间扫墓的风俗固定在清明前的寒食节。由于寒食与清明节气日的相连，寒食节俗很早就与清明发生关联，扫墓亦由寒食扩展到清明。白居易《寒食野望吟》就描写了寒食情景："乌啼鹊噪昏乔木，清明寒食谁家哭。"每至清明，"田野道路，士女遍满，卑隶佣丐，皆得上父母丘墓"（柳宗元《与许京兆书》）。清明不仅承担了寒食节祭墓的风俗，它还将一些原本属于寒食节的游戏娱乐，如蹴鞠、秋千等置于自己名下，杜甫有《清明》诗云："十年蹴鞠将雏远，万里秋千习俗同。"如果说在唐朝寒食与清明并列，清明地位尚逊于寒食的话，到了宋朝，清明节就基本上替代了寒食节。明清时期，寒食节基本消亡，春季大节除新年外就只有清明了。

祭祖扫墓是清明节俗的中心。一到清明，人们就忙着上坟祭扫，湖北民谚有"三月清明雨纷纷，家家户户上祖坟。"无论城郊还是乡村，清明祭祖扫墓都显得很隆重，古代帝王宫廷祭扫陵墓的声势与排场自不必说，就是一般百姓也是提篮担盒、携纸带烛，竞上墓地。祭扫的时间并不限定在清明当天，民间有"清明朝祖，前三后四"、"前七后八，阴司放假"等说法。这样的习俗规定显然为人们提供了时间选择上的便利，特别是对城市居民来说，就不必拥挤在清明当日出城的人流之中了。

上坟祭扫，包括两项内容：一是坟前祭拜，一是培修坟墓。坟前祭拜，是扫墓中最重要的活动。祭祖时通常要有纸箔、酒醴、香楮，以及其他富有地方特色的物品。在山西万泉，祭墓时要有一种叫"子推"的物品，用面蒸成，状如兜鍪（古代作战时戴的盔）。荣河的"子推"上插鸡子，里面有胡桃九枚，外面有胡桃八枚。

祭拜时给祖先送纸钱是十分流行的习俗。纸钱又叫寓钱，取寓真钱之形于纸之意。唐代以前已有烧钱祭亡的习俗，但因寒食期间禁火，墓祭亦不能火化纸钱，唐人便将纸钱插、挂在墓地或墓树之上，也有压在坟头的，表示后辈给先人送来了"生活费"。这种因禁火而改变的祭祀习俗在当时曾受到一些人的质疑，如王建就曾这样发问："三日无火烧纸钱，纸钱那得到黄泉？"（《寒食行》）但民间习惯一经形成，就往往成为一种特定的民俗传统，甚至在后世已不禁火的环境下仍然流传，挂钱由此成为清明墓祭的特色之一。随着寒食禁火习俗的松懈以及清明祭墓的流行，在清明墓祭中，人们不再忌讳烧纸钱，再说清明本来就是钻

三月清明雨纷纷，家家户户上祖坟。（张勃摄）

取新火的日子，"神前新火一炉香"，自然有它的意义。故而烧纸钱与挂纸钱的习俗并存，直到今天还是这样。近代武汉特重清明墓祭，称为"山头祭"。祭扫那天，晚生后辈都要披麻戴孝，持祭幡，燃红烛，供宝饭，奉金元。富贵人家要烧91斤纸钱，表示对死者"九死一生还"的祝愿。

培修坟墓，是指清理坟上的荆棘荒草，并增添新土。坟墓历来被视为体魄之所归，乃死者之房屋。添坟就是为死者修补加固房屋，一方面是因为经过一年的风吹雨打，坟墓上的土流失很多，需要修补；另一方面是因为清明节后雨季很快到来，需要加固以防夏天雨大漏水。在雨水到来前的春季，人们借清明祭祀的时机，对坟墓进行修整，既保护了先人，又尽了孝心。唐人就很在意这种习俗行为，"但有陇土无新土，此中白骨应无主"（王建《寒食行》），由墓上有无新土可判断墓主有无子孙的存在。现在某些乡村仍以清明祭墓活动的有无作为家族是否绵延的标识，民间有"有后人，挂清明，无后人，一光坟"的说法。清明祭扫在传统的宗法社会里的确不能等闲视之。民间也有一套自发形成的习俗压力，"清明不祭祖，死了变猪狗"的俗谚，正是对试图不履行祭祖义务的人的告诫。

有些地方在扫墓之后，大家还要分享祭祀后的饮品和食品，称为"清明会"或"吃清明"。在祭祖仪式结束后，由族长主持共商族内大事，申诫族法家规，最后共同分享祭祀食品。以同食共饮的形式分享祖宗福分，团聚宗族，是古已有之的传统，即所谓"以饮食之礼亲宗族兄弟"。《诗经·公刘》也说："执豕于牢，酌之用匏，饮之食之，君之宗之。"后世祭祖费用一般由专门祭田田租开支，祭田为祖业族产。近代浙江云和就有特设的"祭神租"，每年由各房轮值，承值者在清明要备办酒席招待扫墓的族人，来的人越多越好，称作"散祭神"。有的按房分桌，房下人丁兴旺的座位不够，就站在桌角挤着吃，也都高高兴兴的。有的只有一人或两三人一桌，就吃得眼泪汪汪，为本房人丁衰微而伤心。

清明处在生气旺盛的时节，也是阴气衰退的时节，人们一方面感念祖先亲人的恩惠，同时以培土、展墓、挂青的形式显示后代的兴旺。祖先在坟墓里安住，关系到子孙的繁荣，子孙的兴旺又能保证祖先的安宁与香火的延续，这是一种"互惠关系"。这样，祖先墓地不仅是生命之根，同时也是情感之结，在传统社会里，人们无论走到哪里，都牵挂着乡里庐墓。

中华人民共和国成立以后，清明扫墓习俗出现了新的变化，机关、学校、企业组织、民间团体等都会组织工作人员或学生为革命烈士扫墓，已成新风。而随着互联网的兴起，近几年来网上扫墓也已为许多人认可。他们充分利用互联网不受时间、地域、时空限制的优势，构筑对陈年

湖南岳阳张谷英村的清明会（萧放摄）

为革命烈士扫墓，已成新风。（张勃摄）

安徽黟县西递敬爱堂（萧放摄）

往事、昔时故旧的纪念平台，通过点烛、上香、祭酒、献歌、留言、手机短信等方式，虚拟实景扫墓来表达对故人的思念。

踏青是清明的又一重要节俗。清明时节，杨柳青青，自然界生机一片，人们结伴出游，投入大自然的怀抱。踏青在宋代已十分流行，"四野如市"，"都城之歌儿舞女，遍满园亭，抵暮而归"。（《东京梦华录》卷七）张择端的《清明上河图》就更直观形象地为我们展示了清明时节宋代都市居民出行的生活图景。

"后生踏青，攀个好亲。"春天是春情萌动的季节，男男女女外出踏青又为彼此的相识交往提供了可能，所以踏青时节总会有一些缠绵悱恻的爱情故事发生。其中最著名

踏青是清明的又一重要节俗。（张勃摄）

的，当然是崔护"人面桃花相映红"的佳话。据《唐诗纪事》载，参加科举考试没有成功的崔护，在清明节独自到长安城南游玩，行至一村户，见花木丛萃，寂无人声。他走上前去敲门，过了好久，才有一女子隔着门缝问来人何事。崔护说自己"寻春独行，酒渴求饮"，讨杯水喝。那女子打开门让崔护进来，端水给他喝，自己则倚着桃花，含情脉脉地看着崔护。崔护临行时，女子送到门外，似有恋恋不舍之意。来年清明节，崔护追忆往事，情不自禁，又往探视，见门院如故，只是门上了锁。惆怅之余，崔护挥笔在门扉上题诗："去年今日此门中，人面桃花相映红。人面不知何处去，桃花依旧笑春风！"

荡秋千给女孩子带来了无穷的快乐。（张勃摄）

带响的风筝（萧放摄）

踏青时，人们往往还进行其他娱乐活动，放风筝就是其中颇受人喜爱的一项。

风筝最初不叫风筝，而叫风鸢，是军事上传递消息的一种工具，以后逐渐演变为一种娱乐玩具。大约五代时候，有个叫李业的人别出心裁，在鸢首部位装上了竹管，这样，风一吹就发出筝筝然的声音，风鸢也就有了风筝之名。

风筝在形制上多有不同，越往后来，越是争奇斗妍，花样繁多。除仙鹤、沙燕、蝴蝶、螃蟹、蜈蚣、蜻蜓之外，兼作种种人物，无不惟妙惟肖，奇巧百出。人们往往给大风筝配上藤弓或装上葫芦哨，在空中发生出嗡嗡响声，在三五里外都能听到。有些地方，人们还会在黄昏时分放风筝，在风筝上面挂上若干灯笼，遥遥望之，煞是动人。清人张劭的《纸鸢》诗就描绘了这一情景："众簇春郊放纸鸢，踏破凝笑线牵连。影驰空碧摇双带，声遏行云鼓一弦。避雨寻来芳草地，乘风游遍艳阳天。黄昏人倚楼头看，添个灯笼在天边。"各式各样的风筝在湛蓝的天空飘曳生姿，实是一道令人心向往之的亮丽风景！

放风筝之外，人们还会在清明节里荡秋千。宋代僧人惠洪就有《秋千》诗云："画架双裁翠络偏，佳人春戏小楼前。飘扬血色裙拖地，断送玉容人上天。花板润沾红杏雨，彩绳斜挂绿杨烟。下来闲处从容立，疑是蟾宫谪神仙。"杨柳、杏花、小楼、佳人、红裙、秋千，诗人用工笔手法描绘了一幅美丽的春之图。在这幅画里，一切的景和物都因摆荡的秋千而生动。

秋千，据宋代高承《事物纪原》记载，"本山戎之戏也，自齐桓公北伐山戎，此戏始传中国"。山戎是我国古代北方的一个少数民族，大约在今天北京市及其周围地区。最初秋千是他们进行军事训练的工具，后来春秋五霸之一的齐桓公北伐山戎，将这一做法带到中原，后来又逐渐向南方流传，并演变成一种娱乐，深受人们，尤其是女子和儿童的喜欢。过去，秋千有个别名叫"释闺闷"，可见它在女子生活中的重要地位。唐代时，人们还将秋千称为"半仙之戏"。红花绿柳之间，几位窈窕淑女或站或坐在画板之上，推送之下，秋千荡起，身子就如同长了翅膀，忽上忽下，忽前忽后，荡的人飘飘欲仙，看的人如临仙境，可暂时将一切烦恼与愁思抛却，只醉心于神仙一般的感觉。

除了踏青、荡秋千、放风筝以外，人们在清明还举行蹴鞠、拔河、斗蛋等多种户外活动。这些户外运动的原始意义在于顺应时气，是月生气方盛，阳气发泄，万物萌生。人们盼望春的到来，以主动的姿态顺应，进而促进时节的变化。

插柳或戴柳是清明特有的风习时尚。柳树为春季应时

拔河是抒发阳气的一种活动。（张勃摄）

佳木，得春气之先。在四野一片苍茫之际，它最先吐出新绿。柳树易栽易活的生存特性，又显示出其旺盛的生命力。因此在古人观念中，柳树并非普通林木，有着神奇的效用。唐宋时期清明的新火就取自柳榆木，据说民间新火亦是以柳条传送。柳木不仅带来新火，而且很早就具有驱邪避鬼、护佑生灵的功用。民间素有以桃弓柳箭削减煞气的做法，柳木号称"鬼怖木"，《齐民要术》有"取柳枝著户上，百鬼不入家"之说。这就是"三月清明门插柳"习俗的心理根源。宋朝时，清明节已"家家以柳条插于门上"，说是可以"明眼"，也就是能明辨鬼邪，看住家门。当时插柳盛行，以至于有"莫把青青都折尽，明朝更有出城人"这样的诗句传世，而今天在不少地方我们仍能够看到"檐下插柳，青青可爱"的动人情景。

檐下插柳，青青可爱。（叶涛摄）

插柳之外，人们还将柳枝或柳叶戴于头上，民谚曰："清明不戴柳，红颜成皓首。"清代一首《竹枝词》描写了此情此景："清明一霎又今朝，听得沿街卖柳条。相约比邻诸姊妹，一枝斜插绿云翘。"（杨韫华《山塘棹歌》）这是古代佩饰习俗的传承，与端午佩艾、重阳佩茱萸等民俗有着相同的消灾意义与美饰作用，插柳与戴柳在民间就有招魂与安魂的用意。事实上，春夏之交因气候的关系人们易受季节性疫病的侵袭，为了顺利度过这一危险时段，便利用清明节俗预先进行禳解。这正是清明戴柳、插柳的原始民俗意义。而无论插柳屋檐下还是门户上，那青青的颜色确实为清明时仍然略显萧条的生活增添了几分春意和生机；无论戴柳颈项间还是头发上，那青青的颜色也确实让佩戴者多了几分活泼与生动，因而也显得年轻起来。

用柳条将子推燕串起来，挂于门上，是山西一带清明节的习俗活动。（张勃摄）

　　清明自唐代成为民俗节日之后，节俗内容不断增加。在民国时期还曾被规定为植树节，但节俗的根本性质并没有发生大的改变，它一方面着重于对逝者的悼念，一方面又对生命进行热情的讴歌。直到今天，清明节仍为国人认祖归宗的孝心展示日，"清明到，儿尽孝"的民俗图景在城乡处处可见。与此同时，它还是国人张扬生命力的重要日子，清明节踏青郊游的人群构成了春天一道亮丽的风景。其实，在现代生活的快节奏下，我们真的需要暂停脚步，投入到大自然的怀抱，行走到祖先安息的地方，去感受生命的尊严，去重温先人的智慧，并聆听传统的声音。

第三章　避瘟悼屈过端午

五月五，是端阳。
门插艾，香满堂。
吃粽子，洒白糖。
龙船下水喜洋洋。

这首流传广泛的民谣叙述了端午节的习俗活动，字里行间透露着热烈而欢快的节日气氛。

端午，本意是夏历的午月午日。夏历以十二地支，即子、丑、寅、卯、辰、巳、午、未、申、酉、戌、亥计年，孟春之月为寅月，仲夏之月即为午月。后来人们用数字记时取代干支记时，午月午日被五月五日取代，但仍保持着端午之名。晋人周处在《风土记》中记述："仲夏端午，烹鹜角黍。端，始也，谓五月初五日也。"因为端午时在五月初五，故又称端五。在中国人的阴阳观念中，五是阳数，五月初五更是阳中之阳，故也叫端阳节。此外，它还有龙舟节、诗人节、粽子节等别称。端午节是中国四大传统节日（春节、清明、端午、中秋）之一，受到各地民众的普遍重视。可是你能想到吗？这个在民谣里充满着洋洋喜气的佳节良辰，在其起源之初却是一个人人自危、避之唯恐不及的凶时恶日。

为什么端午节会是一个凶时恶日呢？要了解其中的奥秘，我们还得从传统社会民众对时间的认识以及端午节的起源说起。

在原始信仰浓郁的早期社会，人们认为时间不是一种均质的流动，时间有伦理属性，有善恶性质。时间善恶的标准当然是依据它对于人来说是利还是弊，利则善，弊则恶。而早在先秦汉代，五月就开始被视作不利于人的"恶月"了。当时有俗语说："五月盖屋，令人头秃"，"五月到官，至免不迁"。甚至五月生的孩子也十分不吉利，要么自己遭受祸殃，要么危及父母，故而有"五月子不举"的做法。《史记·孟尝君列传》里就记载了，战国时期齐国孟尝君田文因为出生于五月五日差点被杀的事情。田文一出生，他的父亲田婴就要杀死他，但他的母亲舍不得，偷偷地将其养大。一天，田文终于与田婴见了面，田婴勃然大怒，质问田文的母亲为什么要养活这个孩子。田文听后，就问父亲原因，田婴回答说："五月出生的孩子，长到和门一样高的时候就要伤害父母。"田文听后，就对父亲说："人的生存是取决于天呢，还是取决于门？如果取决于天，您又何必担忧？如果取决于门，只要把门做得高高的，让人达不到就可以了。"这一番颇具哲理意味的话让田婴无以应对。田文对"五月不举子"的民间习俗提出了大胆质疑，然而，当时像他这样的人太少了，将五月视为恶月是一种普遍的观念。

五月之所以被视为恶月，其实它与中国人的阴阳观念和五月的气候有关。五月，是夏至所在的月份。夏至日，太阳直射北回归线，是北半球一年中光照最长的日子，按照中国阴阳学说，就是阳气最盛、阴气最弱、阴阳最为失调的时间，即最为不吉的时间。事实上，五月天气炎热，暑毒盛行，蛇虫出没，瘟疫多发，也的确是人们在一年中生活极为不适、生存受到极大威胁的月份。在这样的时间里，以顺天应时为生活原则的人们便会采取种种措施以规避或抗争大自然强加给自己的难题。一方面，人们在这一时段，会保持身心的安定，禁绝各种情欲，尤其是色欲；行政事务亦采取"无为"的治理方式。另一方面则又准备据说可以避邪的兰草，煮汤沐浴；并蓄采多种药物，蠲除毒气。

端午节在起源之初，其各种习俗活动正是围绕着对瘟邪的驱避而展开的。比如东汉应劭的《风俗通》记载，戴五色线可以避免兵祸，题写一个野鬼的名字可以全生避害。又如三国吴谢承的《后汉书·礼仪志》记载，五月五日，用红线、五色桃印装饰门户，可以止恶气。当然，需要说明的是，在端午节形成之前，五月的节俗主要集中在夏至日。汉代，端午节正式形成，它是在吸纳了夏至习俗活动的基础上形成的，其节俗核心也是人们对夏至时节的时间体验。

至少在魏晋南北朝时候，端午节已成为一个重要的民间节日，习俗活动更加丰富。节日期间，人们不仅将艾叶悬挂门上以禳毒气，将五彩丝系于臂上以除病瘟，还举行吃粽子、采杂药、竞渡、蹋百草、斗百草等各种活动。大约也是在此时，有关屈原的传说被引入端午节中，成为民间端午节吃粽子、划龙舟习俗起源的最为流行的解释。

屈原（约前340－约前278），战国时代楚国人。屈原是中国最伟大的爱国主义诗人之一，他创立了"楚辞"文体，对中国文学的发展起了十分重要的作用。其作品文字华丽，想象奇特，比喻新奇，内涵深刻，字里行间洋溢着对楚地楚风的眷恋和为民报国的热情。他早年受楚怀王器重，出任左徒、三闾大夫等职，章明法度，举贤任能，改革政治。在战国群雄并起逐鹿中原的时代，屈原主张楚国与齐国联合，共同抗衡秦国。但由于他人的谗言与排挤，性格耿直的屈原逐渐为楚怀王疏远。怀王死后，屈原也被逐出郢都。传说在秦国大将白起挥兵南下攻破郢都那一年（前278）的五月初五，复国无望的屈原在绝望和悲愤中怀抱大石投汨罗江而死。屈原沉江以后，楚国人民为了悼念他，每逢五月初五就驾着船，带着饭，到汨罗江中去祭祀，由此形成了龙舟竞渡的习俗。后来有一天，有人梦见屈原对他说："感谢你们对我的祭祀。只是送我的祭品，常常被水中的蛟龙窃取。以后可将米饭用楝叶包裹，并用五色丝线系上。蛟龙害怕这两样物什，自然不敢前来。"人们遵照了屈原的说法去做，这便是端午节粽子的来历。这些传说作为端午节习俗的起源解释世代相传，它反映了民众对屈原的热爱以及对其所代表的忠贞人格的肯定。

除了屈原，在六朝时代的传说里，端午节还和春秋楚国名将伍子胥、越王勾践、东汉孝女曹娥等历史人物联系起来。这些传说，尤其是屈原传说，赋予了端午节厚重的伦理内涵，使其主题由单一的驱避变为驱避与悼念兼有的二重主题。这一变化具有深远的双重意义。一方面，岁时节日因人文内涵的增强提升了它在民众生活中的地位，端午节在南北朝时期开始成为民俗大节，其地位迄今犹重；另一方面，优秀的历史文化传统因依托了岁时节日而能够持久有效地传承。可以说，正是历史伦理融入民众的时间生活造就了民族文化的不息生机。

由于科学技术不够发达，人们受制于自然的状态一直没有得到真正的改变，长期以来五月就一直是令人畏惧的时月；由于社会政治的原因，在中国社会始终存在着忧国忧民的文化传统。因此，从六朝直到今天，避瘟驱邪与追悼纪念作为端午节的两大主题一直延续至今。

在端午节以约定俗成的活动避瘟驱邪，是全国各地普遍的做法。概括而言，主要有以下方式：

一、飞舟竞渡

飞舟竞渡是端午节的核心节俗。据《荆楚岁时记》记载，五月五日竞渡起源于人们划船救屈原的行为。竞渡所用舸舟要十分轻便，叫作"飞凫"，分作两队，一队为水军，一队为水马，当地人和将士都到水边观看。宗懔在这里记录了竞渡与屈原的关系，但悼念屈原是六朝新出现的民俗主题，并非飞舟竞渡的原始意义。竞渡是划船者之间技术与体能的较量，"水军"与"水马"的交战，又象征着阴阳二气的争锋。日本流传有水怪河童与马争斗的故事，河童是背负龟盖猿类怪物，其头上顶有一盘水，水是他的命根，他在斗争中既要保护自己的水，又要战胜大马。河童属阴，马为阳，阴阳争斗，形象地体现了五月的气候变化。所以说飞舟竞渡的原始意义在于顺时令，助阴气，阴气顺利上升，有利于阴阳的和谐。"俗传竞渡禳灾"（《武陵竞渡略》）、"不打龙船人多疫病"（光绪《孝感县志》）等说法，就充分反映了竞渡避瘟驱邪的目的。

龙舟竞渡（年画）

把艾蒿竖在门旁是山东济南
一带的习俗（侯同佳摄）

二、悬艾簪花

　　悬挂或佩戴特定植物也是避瘟驱邪的主要方式。各地用来避邪的植物多有不同，其中以艾蒿最为普遍。艾是多年生草本植物，叶子有香气，可入药，内服可作止血剂，又供灸法上使用。民间一般将艾蒿悬挂在房檐上，或插于门户旁边、上方。早在南朝时期，人们就"采艾以为人，悬门户上，以禳毒气"（《荆楚岁时记》）了。近世仍然流行，山东曲阜、邹县一带甚至有"门口不插艾，死了变个大鳖

在传统民众的观念中火红的
石榴花具有避邪的功用

盖"的谚语，告诫人们端午一定要插艾。除了房屋门窗要
悬插艾蒿，艾蒿也可以佩带于身或插于发际。近代河北邯
郸一带，节日里女子头上要戴艾枝，衣襟上要插艾枝，俗
话说："不戴艾，要变怪。"又说："戴上艾，不怕怪；戴上
柳，不怕狗；戴上槐，大鬼小鬼不敢来。"除了插带，艾还
可用来泡水，据说用以洗浴，可令百病不生。

　　艾之外，菖蒲也是重要的端午节物。菖蒲是一种多年
生草本植物，地下有淡红色根茎，叶子形状像剑，根茎可
做香料，也可入药。由于在北方不多见，所以用菖蒲主要
流行于南方。我国一些地方，人们还将石榴花簪于发际以
避邪，用石榴花醮水洗眼，认为可以避毒明目。而在台湾
的客家，习俗于端午日在门上挂葛藤。民间传说其来历与

黄巢有关。黄巢起义时，一次在路上见到一个妇女，背着一个大孩子，却牵着一个小孩子，觉得奇怪，便问其中缘故。那妇女说因为黄巢起义，百姓闻之奔走，她牵着的是自己的孩子，背着的是自己的侄子，因其父母已经双亡，怕他被黄巢俘获，故而背着。黄巢被这个妇女的义举深深打动，便告诉她在家中悬挂黄葛藤，即可避祸。又下令军中，凡家门挂有葛藤的人都不能杀。那妇女后来得知与自己说话的人正是黄巢，便采了许多葛藤挂在村庄的路口，一村男女因之得救，而那天正是端午节，端午挂葛藤遂成风俗。

三、张贴神像、符图

张贴神像及符图，也是端午节驱邪的重要手段。据《后汉书·礼仪志》载："五月五日，朱索一色印为门户之师，以止恶气。"后来，民间盛行悬挂天师像、钟馗捉鬼图以及一些符图来驱邪。

张天师，也称张真人、张真君等，即道教正一（天师）道的祖师张陵，后世道徒尊称为张道陵。民间传说他曾师从太上老君学道，得道后能预卜未来，通彻天地，呼风唤雨，除魔伏妖，驱神役鬼。钟馗，也称钟葵，民间传说他是终南人士，长得豹头环眼，铁面虬髯，十分丑陋。他参

清代张天师像（萧放摄）

清代禳毒符板（萧放摄）

加科举考试名列榜首，却被皇帝认为相貌丑陋，不堪夺魁。钟馗羞愤难当，一怒之下，撞死在廷柱上。阎王怜他秉性耿直，刚正不阿，封为"平鬼大元帅"，命其前往人间降妖捉鬼。因为俗信他们都有除妖捉鬼的本事，所以端午节期间多张贴二神图像。

除悬挂神像外，贴符也十分常见。道家把自己的符箓也十分常见。道家把自己的符箓往往归在张道陵的名下。叫做"天师符"。端午节，一些道家会赠送符箓，供人们张贴于门户，据说可以净化门庭，镇宅避邪，消灾解厄。近代浙江宁波一带，还有描端午老虎的习俗。这天各家买一张绘有一童子跨虎的画图，由小孩着色，称为"描端午老虎"，贴在门上或床头墙壁，可以避邪。在贵州开阳，在墙壁上贴红纸条，其上写有"五月五日午，天师骑艾虎。手持菖蒲剑，斩魔入地府"字样。

四、佩戴朱索、香囊饰物

端午节有不少灵物，这些灵物由人们手工制成，或佩带身上，或悬于家中，或张贴门户墙壁，都被认为可以避疠疫，防邪毒，主要有朱索、香囊等。

朱索　又叫长命缕、续命缕、长命索、避兵缯、避瘟绳、百岁索、百丝儿、长命丝等，多用青、赤、黄、白、黑五种彩线合股成绳，或单独散线使用。人们或直接将它系在手臂上，或用它穿饰物、编丝袋，挂在胸前。其功用在于以一种特殊的神线将人的生命系住，让人们安全度过端午时节。五彩丝的魔力来源于古代流行的阴阳五行观念，人们相信五行相克能达到一种宇宙的和谐，所以用五彩丝线作成的长命索便具有辟邪求吉、令人长寿不病的效果。

香囊　也叫香包、荷包等，系用丝布缝制而成，内装以朱砂、雄黄、香药等物，多用彩索串起来，佩带于身。以近代山西翼城一带为例，人们常用五色绸锦制成蛇、蝎、蜈蚣诸毒虫，缀于线上，其下坠以雄黄或麝香囊，十分精致。香包的驱邪作用除了来自于彩索（与长命索有同样的功能）外，更来自于它内里的朱砂、雄黄、香药等物。这些东西在中国人的传统观念中都具有驱除邪恶的神奇功用。

佩带朱索、香囊外，许多地方的人们还会在节日期间剪纸并加以张贴，比如山东长岛一带的人们常贴葫芦、鸡、虎、蟾、桃、五毒（剪刀剪蝎子）等剪纸，有时还要贴黄牛，有些牛身上贴有"天下太平"几字，有的则写"我是天上老黄牛，到人间不吃草，专吃五鬼和忧愁"。在近代北京，每到农历四月末街头就有兜售"葫芦花儿"的了。葫芦花种类繁多，最常见的是用红纸剪成葫芦形，上刻五毒，即蛇、蝎子、蜈蚣、蜘蛛、壁虎等的图案。人们多于初一贴，初五午时揭下来扔掉，称为"扔灾"，其避瘟驱邪的意

端午香包（萧放摄）

山东长岛小钦岛端午街门上的剪纸（选自山曼、柳红伟编著：《山东剪纸民俗》，济南出版社，2002。）

图十分明显。

五、采百草，捉蛤蟆

端午节又称"天医节"，采药保健是自古相传的五月节俗传统。《荆楚岁时记》载："是日，竞渡，采杂药。"近代湖北英山，"日午，采百草以为药物"。这一习俗甚至影响到域外，越南端午节的重要内容之一就是采药。采药从正午开始，人们相信为这时采草药，药效最高。

　　端午节捉蛤蟆的习俗曾经流传甚广。民间普遍认为，癞蛤蟆（即蟾蜍）有巨毒，能够清热解毒，特别是端午这天捉到的毒性最大，质量最好。将墨塞进癞蛤蟆嘴里，将它挂在墙壁上，风干后就成了中药，即蛤蟆墨。人身上出了毒疽，用此墨画一圈，病情就会得到控制。故而捉者甚多。俗信蛤蟆是"神虫"，这天怕被人捉拿，都纷纷躲藏起来，故而有"癞肚蛤蟆躲端午"的俗语。

六、食粽子，饮雄黄酒

　　传统节日里总有特定的饮食习俗，是我国节日文化的一个重要特征。节日里的饮食，从来就不是单纯为了满足人的口腹之欲，而总有着深刻的文化内涵。就端午节的节日饮食而言，多与避瘟驱邪的主题相关。

　　粽子，是端午节的重要节物，又名角黍，其菰叶裹粘米的包扎形式，象征阴阳还处于相互包裹、未及分散的状态。剥食粽子，意味着释放阴阳之气，以"辅替时节"，具有强健身体、抵御邪气的作用。此外，鸡蛋也是端午节的节令食品。在河南，端午早上，主妇们将鸡蛋煮熟后，放在孩子的肚皮上滚儿下，然后去壳让孩子吃下。据说这样可以免除孩子的灾祸，日后孩子也不会肚疼。

端午节常用的饮品是雄黄酒、朱砂酒、菖蒲酒、艾叶酒等，其中尤以雄黄酒为多见。这些酒普遍被认为可以解毒、避瘟。在家喻户晓的民间传说《白蛇传》中，白娘子就是在端午节饮用了雄黄酒之后现出原形的，这反映了人们对于雄黄酒特殊用途的认知以及用雄黄酒驱除蛇虺诸毒的俗信。

端午节里各地的习俗非常之多，尽管上面列举了不少，仍然不能够穷尽，其他如做茧虎、备午时水、撒石灰、走百病、放风筝、克石斗仗等，也都曾经是许多地方民众端午节生活的重要组成部分，它们同样具有避灾禳祸的原始意义。

但正如前面所说，六朝以后，追悼纪念成为端午节的另一主题。这主要体现在每逢节日，人们无论是飞舟竞渡还是食用粽子，通常会将其与那些和端午有关的历史人物，尤其是屈原联系起来。因为屈原经历的那段历史、他的优秀作品及其高洁的志向和伟大的爱国主义精神，世世代代的人都视他为精神偶像，尤其是文人墨客，留下了许多纪念、歌颂屈原的诗篇，如苏轼所云："楚人悲屈原，千载意未歇。"（《屈原塔》）"水滨击鼓何喧阗，相将叩水求屈原，屈原死已今千载，满船哀唱似当年。"（《竹枝歌》）许多文人还会在端午节组织诗会加以纪念。比如《苗栗县志》记载："本省（指台湾省）各县市常举行联吟大会，其地点多

包粽子（萧放摄）

粽子和鸭蛋是端午节的重要节物（萧放摄）　　《白蛇传》中的一个情节（张勃摄）

于县市府所在地，或名胜风景区。届期，各地骚人墨客聚集一堂，击钵吟诗，别饶风雅。盖屈原为中国古代最伟大之诗人，其作品迄今犹为文坛圭臬，故借此以为纪念耳。在日据时期，且多组织诗社，效屈原之忠贞而不忘宗国者，本县之栗社，其著者也。"

总之，端午依托夏至时间节点，传承着古老的习俗，在汉魏六朝时融会民众对五月的时间感受，并接纳了屈原沉江等传说，在单纯的五月避忌的民俗主题基础上生发出追悼纪念的主题。这不仅丰富了端午节的内容，也极大增进了端午节在中国传统节日体系中的地位。在后世，端午节成为国内的一个全民性大节和重要的社会交往日，亲戚、朋友、师生之间互相拜访、问候，由于许多地方有出嫁女儿端午回娘家的习俗，所以端午节又有"女儿节"之称。

端午节还传出中国，影响了整个东亚地区。如朝鲜就称五月五日为"女儿节"，这天，出嫁的女儿都回娘家，男女儿童用菖蒲汤洗脸，脸上涂胭脂，削菖蒲根作簪，"遍插头髻以避瘟"（洪锡谟《东国岁时记》）。当然，也正由于社会上下层民众对端午节俗的共同重视，才保证了她传承千年的生命活力。

第四章 乞巧求美说七夕

纤云弄巧，飞星传恨，银汉迢迢暗渡。金风玉露一相逢，便胜却人间无数。　柔情似水，佳期如梦，忍顾鹊桥归路。两情若是长久时，又岂在朝朝暮暮。

宋代词人秦观的这首《鹊桥仙》自其写成以来，就以精巧的意象和脱俗的意境赢得了无数赞美。大凡读过这首词的人都会知道它隐含着一段优美动听的传说，联系着一个源远流长的节日。这段传说就是牛郎织女传说，这个节日就是七夕节。

牛郎织女传说，是中国四大传说之一，堪称家喻户晓。这段传说有不少异文，目前流行的版本大致如下：古时候有一个善良的小伙叫牛郎，从小没有父母，和哥嫂住在一起。哥嫂嫌弃他，便分了家。分家时牛郎只要了一头黄牛。在黄牛的帮助下，牛郎与下凡到人间的织女结成夫妻。二人男耕女织，恩恩爱爱，生下一双儿女，日子过得十分美满。王母娘娘得知织女私自下凡，勃然大怒，派天兵天将把正在织布的织女掠回天上。牛郎闻知，披上老牛的牛皮，用担子挑起两个孩子，紧紧追赶。眼看就要追上的时候，狠心的王母娘娘拔下头上的簪子，在牛郎前面划了一道，霎时间，一条大河横空出世。从此，牛郎和织女只能隔河相望。初秋的夜晚，月色如水，人们仰望天空，总能看见一条白茫茫的带子横贯南北，这就是银河，据说它是王母娘娘画的那条大河变成的，而银河之东有一颗亮星，它的两边各有一颗较暗的星，那是牛郎挑着他的一对儿女；银河之西有一大四小五颗星，那是织女和她的织布梭。人们非常同情牛郎和织女的遭遇，连世间的喜鹊都为他俩抱不平。它们相约在每年七月七日这天飞到银河上，一个连一个地架起一座桥，让两人借此见面。从此便有了牛郎织女一年一度的七夕相会。

牛郎织女传说把人间的离合和天上的星象联系起来，是如此哀婉动人又不乏浪漫情调。人们被它深深打动，愿意相信织女星、牵牛星果真是由织女、牛郎幻化而成，而忽略了极可能是上古时期的先人们先是观测到织女星、牵牛星的运行状况、位置关系并在天文历法中赋予二者以重要地位，才演绎出如此浪漫而曲折的故事。

在上古时代，织女星和牛郎星是两颗十分重要的天象星。织女星位于天琴座，是全天空第五亮星，它在北半天球的亮度仅次于牧夫座的大角，很早就受到人们的注意，成为时间的天文点。"织女之纪，指牵牛之初，以纪日月，

牛郎织女（年画）

山东沂源的织女洞（张勃摄）

故曰星纪。"（《汉书·律历志》）星纪以织女星为标志，可见其在古代天文历法中的重要地位。而牵牛星位于天鹰座，在夏秋的夜晚特别明亮，也是我国古代一颗很重要的天象星，同样被作为天文时间变化的标志。分居银河两岸的牵牛星和织女星一东一西，遥遥相望，此情此景定然激发了古人的想象，他们遂将人间生活投射到苍穹天幕，便产生了织女牛郎的神话传说。

现存最早透露牛女传说信息的是《诗·小雅》里的《大东》篇，只是那时候牛郎还不叫牛郎，而叫牵牛。"维天有汉，监亦有光。跂彼织女，终日七襄。虽则七襄，不成报章。睆彼牵牛，不以服箱。"天上的银河波光荡漾，看银河这边织女每天移动七次，也没有织出布来，看银河那边闪亮的牵牛也不拉车负重。可见此时织女星与牵牛星已经人化，两星之间似乎也有了一定的关系。也许早在这首诗歌形诸笔墨之前，民间就已有牵牛织女的传说在流传，只是不像后来那样丰富充满戏剧色彩，更没有喜鹊搭桥的情节罢了。而至迟在战国末期、秦朝初年，牛郎织女传说已经影响到当时的民俗生活，形成民间婚嫁的时间禁忌。据云梦睡虎地秦简《日书》甲种第一五五简正记"取妻"忌日就说，戊申日、己酉日牵牛迎娶织女的喜事没有办成，如果在这样的日子娶妇的话，三年丈夫就会离弃妻子。当然也很有可能是民间已有七月初忌婚嫁的习俗，然后以织女、牵牛的传说来特别强化，《日书》中就有"正月、七月朔日，以出母（女）取（娶）妇，夫妻必有死者"的警告。

在上古时期，七月的到来是由织女星的位置确定的，牛郎织女传说遂与七月有了无法割舍的关系。大约到了汉代，随着天文学的发展和历法的成熟，用数字标定日期成为通行做法，牛郎织女传说就与七月七这个特殊的日子联系起来，并一直延续至今。

七月七，又称七夕节，是个曾经拥有众多习俗活动并且流传广泛的传统节日。相传七夕乃楚怀王初置（明罗颀《物原》），但据学者们研究，七夕真正成为节日当是在汉代。当时已有七月七日曝经书、晒衣裳的习俗。大约也是在汉代，牛女传说中有了鹊的参与。时人认为鹊重情感，因此汉代有如下巫术："取雌雄鹊各一，燔之四通道，丙寅日，与人共饮酒，置脑酒中则相思也。"（《淮南万毕术》）由鹊之相思的特性，逐渐变化衍生出鹊搭桥的传说，"织女七夕当渡河，使鹊为桥"。从此，织女、牵牛"盈盈一水间，脉脉不得语"的悲剧传说就演变为牛女鹊桥相会的喜剧结局。这种演变不仅是故事情节的扩充、发展，更重要的是反映了民众的精神情感需要。社会可以改变人们的现实行为，但不能泯灭人们原始的情感渴望。秋夕晴朗的夜空，自然会唤起人们对美好人生的向往。

　　魏晋南北朝时期是七夕节俗的发展期。这时关于七夕有多种生动的记述，比如晋周处在《风土记》中就为我们描述了当时民间七夕节俗的生动场景：七月七日夜，人们将庭院洒扫干净，摆上茶几饭桌，设下酒脯时果，河鼓（即牵牛）、织女二星神此夕相会。守夜的人都有隐怀私愿，有的说只要见到天上的银河泛出奕奕白气并光耀五色，就是吉祥之兆。见到者赶快叩拜，向上天表达求富、求贵、求寿或者求子的愿望，当然只能表达一种愿望，不能都要，且三年内不能告诉任何人，否则无效。在这里，七月七日成为欣赏天庭欢会、乞求人间幸福的良宵。

　　在这个时代，七月七曝衣曝书的习俗也十分流行。阮咸和郝隆各有一则逸事可作为证据。话说某年七月七，道北姓阮的富户人家大晒衣服，挂出来的都是绫罗绸缎，以此夸富。居于道南也姓阮的阮咸却在庭院里用长竹竿挑起一块又脏又旧的破布片，有人问他为什么这样做，他回答说："不能免俗，应个景吧！"郝隆的逸事记载在《世说新语》中，七月七日这天，郝隆仰卧在日头之下，摊着肚皮晒太阳，有人问他在干什么，他说："我晒书。"这两则逸事都表现了潇洒不羁的魏晋名士风度，也反映了当时晒衣晒书之俗的普遍。

　　此后，伴随着牛女传说的流传，七夕节成为民众日常生活中的重要节日。在南朝，妇女结采缕穿针，陈瓜果于庭中，看蜘蛛是否在上面结网以乞巧（《荆楚岁时记》）；在唐代，"家家此夜持针线"（崔颢《七夕》），连皇家也不能免俗。宋代的七夕节更加热闹。京师的王公贵戚多结彩楼于庭，称为乞巧楼，上陈磨喝乐（一种偶人）、花果酒炙、笔砚、针线等物，儿童作诗，女郎呈巧，焚香列拜，望月穿针，或以蜘蛛乞巧。又有人在小木板上放土，种粟令生苗，并置小茅屋花木及农家人物形象，称作"谷板"。又在瓜上刻上花纹，称作"花瓜"。还有人将绿豆、小豆、小麦等浸泡在磁器中令其生芽，长至数寸，用红蓝彩线扎束，叫做"种生"。西北地方至今还保留着这一习俗。据文献资料，一直到清朝，七夕节都是一个重要的民俗节日。

尽管七夕节也有男子的参与，并有拜魁星、焚烧所习课纸以乞智的做法，但七夕节主要还是个以女性为参与主体、表达女性愿望的节日。

由于七夕节传承久远，播布广泛，因此不同时代不同地域的节俗有所不同，但总体上，七夕节俗形成了一定的模式，其活动意图大致可以分为乞巧、乞子和求美三种。

女子七夕节活动最主要的意图就是"乞巧"。各地的乞巧方法不一，有通过祭拜织女乞巧的，也有穿针乞巧、观影乞巧的。比如近代胶东一带，姑娘们就多祭拜织女（当地称为"巧姐"）。她们用彩色纸做个小纸人，画上眼、鼻、口等五官做成"巧姐"。在巧姐前置放香案、瓜果供品后，焚香合十，闭目祈求赐巧。有的还唱乞巧歌："我请巧姐吃桃子，巧姐教我缝袍子。我请巧姐吃李子，巧姐教我学纺织。我请巧姐吃甜瓜，巧姐教我学绣花。"据说拜过巧姐后，姑娘就会心灵手巧，做什么像什么。

穿针乞巧，即穿针引线，谁穿得又准又快就为得巧，带有赛巧的性质。穿针所用的线，一般是五色缕，也称五彩线，用五种颜色的丝线合成；所穿的针，一般数目用七、九，俗称"七孔针"、"九孔针"。为了增加穿针的难度和趣味，各地还发明了对月穿针、暗处穿针、背手穿针等多种办法。

观影乞巧，即将一些东西放入水中观察其所呈现的物影来乞巧，所放东西多为针、巧芽、草等。占验水中针影，判断是否乞到巧的一般标准是：影纤细者为得巧，如呈云、花、龙、刀、剪等形；影粗大或不能成形者为不得巧，如呈杵、槌、轴等形。巧芽多为提前培育的豆芽、麦芽或谷芽，至七夕，或剪或掐下，浮于水盆或水碗中，根据影像以定巧拙。北京地区多用黍苗测巧，在七夕正午时分，将一种极轻细的黍苗，用小刀削成针形，投入一碗水中（已在院中露置一夜），小女儿环立水碗四周，查看碗底之影，细长宛如针形者为得巧，粗短形为未能得巧，当地谚语说："花针巧，棒槌拙，砖头瓦块差不多。"（常人春、陈燕京《老北京的年节》）又有用草的，比如在民国时期的南京，

大连巧果（萧放摄）

"七夕前日，妇女取水一盂，曝烈日中，使水面起油皮，截蟋蟀草，如针泛之，勿令沉下，共观水影中如珠如伞如箭如笔等状，以验吉凶"（《金陵岁时记》）。

用蜘蛛也是十分常见的乞巧方式。人们多将蜘蛛装于盒内或用碗覆盖，并根据一定的标准来判断是否乞得巧来。有以是否结网为标准的，若结网就得巧；有以所结网丝多寡为标准的，网结得越密表示乞到的巧越多；有以网结得是否有条理为标准的，有条理则谓得巧；还有以蛛丝是否穿针为标准的，如在广东雷州市，女子准备一枚鲜果，在上面插针，再放上一对蜘蛛，用碗覆盖，第二天早晨若有蛛丝穿过针孔，即为得巧。其他如看巧云、吃巧果、食巧饭等，俗信也可令人生巧。

对于这些乞巧方式，女子们总是认认真真去做，经过占验，得巧者无不欢天喜地，大家向她表示祝贺；未能得巧者，往往沮丧叹息，甚至啜泣痛哭。然而通过一系列有趣的活动，女子就当真能乞得巧来吗？对这一点，休说是今天的读者，即便是古人也不相信。例如宋人郭应祥在《鹊桥仙·七夕》中就说："罗花列果，拈针弄线，等是纷纷儿戏。巧人自少拙人多，那牛女、何曾管你。"牛郎织女聚少离多，一年一见，正该趁良辰美景倾诉离愁别绪，哪有时间和精力管这乞巧之事呢？既然如此，为什么一代代女子还会乐此不疲呢？无可否认，各种乞巧活动的娱乐性是吸引少女少妇参加的主要原因，还与社会对女性的期待有关，与女子在家庭中的地位有关。心灵手巧，能持家，能做活，是传统社会对女性的期待，也往往是社会化了的女性个体对自己的期待，同时也是妇女在传统复杂家庭关系中提高地位、少受苦累的重要保证。所以尽管巧者自巧，拙者自拙，女子们还是真诚地渴望着织女的赐巧，虽然并无事实验证织女的仙术，她们也怀着"明知不可为而为之"的心理潜心祈求，得巧则喜，不得则悲。

乞子是七夕节俗活动的又一种意图，这从当日的节俗用品上可以窥见。七夕仪式上的供品虽多，但几乎都离不开瓜果。"果"含"生籽结果"之意，而瓜也绝不仅仅是一种时令鲜品。《诗经·大雅·绵》云："绵绵瓜瓞，民之初生。"在中国文化中，"瓜瓞绵绵"一直被用作称颂或祝福别人子孙昌盛的吉辞，与生殖有着极其密切的关系。七夕用瓜果，有乞子之意。而宋代以后在七夕节常用一种叫"磨喝乐"或者"磨喝乐"或者"摩睺罗"的物件，其乞子的意蕴更为明显。据《中国风俗辞典》解释："'摩睺罗'本是佛经中的一个神名，通常用土、木、玉等雕塑成小人形，加衣饰，于七夕节摆设以供牛郎织女，后成为儿童玩具。俗信，七夕在水中玩耍这种蜡制的婴孩偶像，可使妇女有生男孩的运气。

七夕节俗活动的第三种意图就是求美。翻看明嘉靖年间的《姑苏志》，我们也许会被这样一个场面所吸引：七月七日的夜晚，天上一弯月亮与群星争辉，院子里树一竿青翠欲滴的竹，上面戴着硕大的荷叶，那是女子们的"承露盘"。第二天一大早，她们就会喝掉承露盘中的露水。据说七夕之露的主要用处就是能够令人变得美丽。如民国二十五年《路桥志略》载："'七夕'，妇女用各种鲜花盛水盆内借以承露，曰接牛女眼泪，洗眼濯发，谓能明目美鬓。"七夕还有捣凤仙花取花汁染红指甲的习俗活动，也带有十分鲜明的乞美色彩。民间也有七月七日洗头发的习俗，谓此日洗头能使头发乌亮秀美。在浙江湖州，传说织女在七月七日那天在机杼旁用槿叶汁洗头，被牛郎看到，他见织女青丝生辉，非常美丽，遂生爱慕之情，即将自己的头发也

乞巧（张殿英画，萧放摄）

武夷山新搭鹊桥（萧放摄）

洗而鬌之，前去求婚。所以当地女子认为用木槿叶的汁液洗发，可使头发乌黑生辉，不生头虱，而且能年轻貌美，可以尽快找到如意夫君。

追求美是女子的天性，而男子对女子容貌美的重视更激发和强化了女子对容貌美的不懈追求。容貌美，是指人的颜面五官和头发所构成的总体形象在别人心目中引起的审美情感。虽然不同时代和民族对容貌的审美标准有所不同，但在一定条件下还是相当稳定的。比如我国对妇女容貌的审美，就强调精巧妩媚。因此，柳叶眉、杏核眼（或丹凤眼）、樱桃小口、糯米牙、桃花腮、鹅蛋脸型、黑而亮的头发，常被认为是美女的标志。在现实生活中，有着闭花羞月、沉鱼落雁之貌的美女俏佳人更易受男子的青睐，也更易找到自己的如意郎君。如此，那些渴望被人关爱和赞美、充满着对未来美好爱情憧憬的少女们，谁不希望貌若貂婵、美如西施？那些年纪渐长的少妇，自然早已明晓容貌的重要，并深知"色衰而爱弛"的道理，又有哪个不愿容貌姣好、青春永驻？于是，她们在清凉的秋夜，怀着一颗期待的心，用荷叶和鲜花去承接牛郎织女经历了离愁别恨后流出的泪水，希望这泪水是具有魔力的神圣之水，可以明目，可以美鬓，可以乌发，可以赐给自己以爱和被爱的力量。我们从这里明白了，一代代的女子为什么会投入七夕那么多热情的又一原因。

随着社会文化条件的变化，在今天，传统七夕节尽管在若干地方还有存留，但整体上已经淡出了人们的日常生活，诸多富有情趣、表达着人们美好愿望的习俗活动也往往只存在于文献中或老人的记忆里了。不过，最近这几年，在男女之间的感情需要释放、男女之间的关系需要协调的社会背景下，七夕节获得新的解释，并再次焕发生命的活力。

第五章 人月双圆庆中秋

中国人对月亮有十分特殊的情感，中国节日的时间大都与月亮的运动相关。其中农历八月十五，秋高气爽，丹桂飘香，玉露生凉，乃"一年月色最明夜，千里人心共赏时"，更成为中国人特有的月亮节。

与其他重要传统节日相比，中秋节形成较晚，在民俗节日体系形成的汉魏时期尚无它的踪迹。到了唐代，中秋赏月、玩月才形成习俗，但当时中秋节还不是一个大节。北宋太宗年间，官方正式定八月十五日为中秋节，此后就日渐隆重。明朝以降，中秋节成为仅次于春节的第二大传统节日。

作为一个民俗大节，中秋节俗活动丰富多样，主要有祭月、赏月、祈嗣、节关等。

祭月。"悬象著明，莫大乎日月"（《周易·系辞上》），日月这两大天体，在古人观念中代表着世界的两极，分别为阴阳的代表。"日者，阳之主"，"月者，阴之宗也"，在时间上分属日夜，在季节上分属春秋，在空间方位上分属东西，在五行中分属水与火。二者相互配合，它们的正常运行是宇宙和谐的保证，所谓"日出于东，月出于西，阴阳长短，终始相巡，以致天下之和"（《礼记·祭义》）。因而中国古代非常重视对日月的祭祀，很早就有相关的宗教礼俗。商朝人已将日月拟人化地称作"东母"与"西母"，周代则有春分早上在东门外祭日、秋分晚上在西门外祭月的"朝日"、"夕月"礼。此后一直到明清，历代都有秋分祭月的礼仪，现在北京的月坛公园就是明清祭月的地方。

　　隋唐以前，祭月主要作为季节祭祀仪式被列入皇家祀典，并由官方例行祭祀，一般百姓无缘祭享。对于他们来说，月亮无法接近，是一种外在的神秘的支配力量。隋唐以后，随着天文知识的丰富和文化的进步，人们对月亮天体有了较理性的认识，月亮的神圣色彩明显消褪，不再那样高不可及，皇家也逐渐失去了对月神祭祀的独占权威。尤其在明清以后，祭月更成为民间极为重视的中秋习俗活动，甚至有"中秋在家不拜月，出门遭雨雪"之说。

　　祭月在民间也叫拜月、供月、愿月、献月亮等。为了祭月，人们往往提前洒扫庭院，备办各种供品。月饼与瓜果是中秋祭月的主要供品。

　　月饼在宋代已经出现，苏东坡曾作诗赞曰："小饼如嚼

祭月供桌（张勃摄）

清代中秋月饼模具（萧放摄）

月，中有酥与饴。"但当时的月饼只是一种普通饼食，并没有与中秋联系起来。一般认为，以月饼为中秋特色食品及祭月供品的风俗始于明代。明人沈榜在《宛署杂记》中说："士庶家俱以是月造面饼相遗，大小不等，呼为月饼。"市场中也出售各式各样的果馅月饼，有的一枚甚至价值几百文铜钱。

在民间，祭月时必用一种特制的月饼，较日常月饼"圆而且大"，俗称"团圆饼"，表面多印有月宫蟾兔、嫦娥奔月、吴刚伐桂以及福禄寿喜等吉祥图案。老北京饽饽铺出售的团圆饼以白糖、冰糖渣、桂花、桃仁、青红丝为馅，以香油和面烤成，是素品。家庭自制的大面饼，以红糖为馅，有的嵌枣，一些人家还在表面用木戳或临时采摘的花果蘸胭脂印上红花，然后蒸或烙熟。祀月时，供于月前，北京人多镶在特制的木架上当作祭月的神位。祭毕，依人数平均切开，每人一块，凡家庭成员一概有份，取合家团圆之意。

八月十五正逢大量鲜果上市，西瓜、石榴、枣、栗子、柿子、胡桃、橘柚等都可用来献月，此外，毛豆、芋头也都是节日供品。这些瓜果供品总被赋予吉祥寓意，传达着人们追求幸福生活的美好愿望。上海人过中秋要供四色鲜果，多为菱、藕、石榴、柿子等，寓意"前留后嗣"，还有煮熟的毛豆荚、芋艿，称为"毛一千，余一万"，以讨吉利。在江苏连云港，讲究的人家必备八大件：取意团圆的西瓜、多子的石榴、事事如意的柿子、长寿的花生（因花生又称长生果）、谐音"早立子"的枣和栗子、有"爬月"之谓的螃蟹，以及特大的一块"团圆饼"（也称光饼）。在北京，讲究的人家祭月一定要用西瓜，且将其切成莲花瓣状。西瓜取音于喜，取形于圆，取瓤于红，取子于多，意喻一家人团团圆圆、欢欢喜喜、红红火火、多子多福。并将桃与石榴相对，取"桃献千年寿，榴开百子图"之意；又供柿子和苹果，谐音"事事平安"；枣和鲜栗子可撒于苹果、柿子之间，寓意"朝朝平安利市"。

为了祭月，人们还要买供月用的纸像，即月光神＊。月光神　也叫"月光纸"、"月宫稿"，北京称为"月亮马儿"

昆山周庄中秋节令食品（萧放摄）

或"兔儿爷马儿"，江苏徐州称"月姥娘马"，最晚在明代就已出现。刘侗在《帝京景物略》中描述八月十五祭月场景时就提到："纸肆市月光纸，绘满月像，趺坐莲华者，月光遍照菩萨也；华下月轮桂殿，有兔杵而人立捣药臼中。纸小者三尺，大者丈，工致者金碧缤纷。家设月光位于月所出，向月供而拜，则焚月光纸……"20世纪50年代以前，在北京，每年的八月初十以后，就有走街串巷叫卖月光纸的小贩，边走边吆喝："买月亮马儿——供佛的月亮马儿！"而市面各纸马铺、南纸店也都在门前摆出已裱好的月光神祃，甚至油盐店、杂货店也有出售。

汉族祭月常在家宴之后。在庭院中对着月亮升起的方位设下供桌，摆上香炉、烛台以及备好的各种供品。当皓月升起、光照大地之时，人们就将香烛点燃，或望空对月而拜，或拜所供月光神祃。祭月时，妇女多一边磕头一边喃喃祝祷："八月十五月正圆，西瓜月饼敬老天。敬得老天心欢喜，一年四季保平安。"祈愿全家幸福平安。

在少数民族中同样盛行祭月、拜月的风俗。鄂伦春人祭月时在露天空地放上一盆清水，摆上祭品，然后跪在盆前，向月叩拜；土族人用盆盛清水，将月亮的倒影收到盆中，然后不停地用小石子击打，俗称"打月亮"。广西西部壮族的"祭月请神"活动更典型，每年夏历八月中旬，有时就在中秋夜，人们在村头村尾露天处，设一供桌，供放祭品和香炉，桌子右边竖一高约一尺的树枝或竹枝，象征社树，亦作月神下凡与上天的梯子。整个活动分为四个阶段：请月神下凡，由一名或两名妇女作为月神的代言人；神人对歌；月神卜卦算命；歌手唱送神咒歌，送月神回天等。由此可见，在偏远民族中仍流传着遥远的祭月古俗，在中秋时节人们能够与月神进行直接的对话与交流。

赏月。中秋赏月，民间称为"玩月"，也称"圆月"、"望月"。人们选在中秋赏月是有科学道理的：八月仲秋，气温冷暖宜人，空中水汽相对减少，气压增高，且风少、扬尘少，所以空气特别清新洁净，加之时近秋分，太阳几

祭月供桌（萧放摄）

乎是直射到月球朝向地球的一面，反射出来的月光也特别明亮，所以月亮看上去又圆又亮。所谓"月到中秋分外明"，"十二度圆皆好看，其中圆极是中秋"。

我国至少在魏晋时期已有中秋赏月、玩月之俗。到了唐朝，人们浪漫多情，喜爱亲近自然，更将清秋明月视为可赏可玩的宇宙奇观，"千家看露湿"，"通夕少人眠"，中秋赏月成为当时的一大风景。宋代，人们赏月的热情不减。在北宋东京，每到节日来临之际，富贵人家会将台阁楼榭装饰得多姿多彩，民间则争相到酒楼茶馆举杯畅饮，赏玩月亮。南宋时，杭州的中秋夜更是热闹，银蟾光满之时，王孙公子、富家巨室都登楼望远，酌酒高歌，临轩玩月，"以卜竟夕之欢"；中小商户也登上小小月台，安排家宴，"团圆子女，以酬佳节"。在此良夜，街上买卖不断，直至五鼓，玩月游人，更是达旦不绝。

明清之后，因时代变迁，社会生活中现实的功利因素突出，岁时节日中世俗的情趣愈益浓厚，以"赏月"为中心的抒情性传统减弱，功利性的祭拜、祈求与世俗的情感、愿望在普通民众的中秋节俗中占据了更重要的位置。

尽管如此，赏月仍然为不少人钟爱。一家人欢欢喜喜，围坐一起，边赏明月，边食瓜果，说说家事国事，谈谈近来心得，或是听老人讲讲"嫦娥奔月"、"吴刚伐桂"、"白兔捣药"、"梦游月宫"、"划月龙"（浙江温州）的传说故事，充满家庭团聚的温馨气氛。有人到户外赏月。三三两两，结伴出游，颇具浪漫色彩。我国许多地方都有赏月的好去处。在上海，人们多到小东门外的陆家石桥赏月，桥下水中荡漾着月影，与空中明月形成美妙对照，有"石梁夜月"之美誉，是"沪城八景"之一。在浙江温州，人们结伴到飞霞、华盖、松台、诸山及九山湖畔观月，或到江边观潮，有的会到南门的会昌湖里泛舟玩月，还有的专门到东山下的月带桥，相传子夜时，桥正贯月的中部，桥两旁水里各有半个月影。浙江嘉兴多有载酒游南湖者，夜半方散。浙江杭州西湖中的"三潭印月"也是中秋赏月的绝佳胜地。除了江湖，高山因地势高峻，视野开阔，也是赏月的好去处。赏月习俗的千年传承是中国人内心渴望浪漫的反映，体现了中国人与月亮的亲近情感以及对圆满的不懈追求。

祈婚嫁子嗣。中秋正值秋成时节，民间在酬谢神灵的同时，也祈求着生殖的力量，这是许多中秋节俗活动形成和传承的内在动因。中秋夜，妇女盛装出游，走月访亲，是一种较为常见的做法。"木犀球压鬓丝香，两两三三姊妹行。行冷不嫌罗袖薄，路遥翻恨绣裙长。"蔡云的这首《吴歈》就描写了女子出游走月的情景。这出游走月的背后隐含着祈求生子的愿望。近代南京盼望子嗣者，中秋夜先游夫子庙，然后过桥一行，俗信这样就可以在未来如愿遂

一年月色最明夜，千里人心共赏时。（选自《新摄影》网页）

意。近代湘潭一带，中秋游宝塔的习俗与"走月"一样，也是祈求生子与保佑健康，当地传唱这样一首歌谣："八月十五游宝塔，带起香烛敬菩萨。老人家青头发，后生子有财发，堂客们生个胖娃娃，满妹子对个好人家。""摸秋"是两湖地区普遍流行的中秋祈子习俗，人们在中秋之夜，到田间"偷"瓜，然后吹吹打打、热热闹闹地将描画成婴儿模样的冬瓜或南瓜送给婚后数年不育的夫妇，以求早生贵子。

南方少数民族的男女青年中秋跳月，对歌联欢，更是保存了中秋月下活动的原始属性。湘西、黔东侗族流行着中秋"偷月亮菜"的习俗，传说这天晚上天宫仙女下凡，将甘露洒遍人间，人们在月光下"偷"这种洒有甘露的瓜果蔬菜，就能获得幸福。偷瓜菜的地点，青年男女各有自己的选择，一般都去到意中人的园中去"偷"，偷时嬉笑打闹，引出自己的情侣，共享"偷"的幸福果实。

占岁。民间根据中秋节的天气、月色来占卜其他日子的天气以及农业收成是十分普遍的做法。比如人们通常以为中秋节的天气与来年元宵节的天气密切相关，所谓"云掩中秋月，雪洒（雨打）上元灯"或"八月十五下大雨（雨淋淋），正月十六雪打灯"，一般认为中秋节若是天阴下雨，元宵节就会下雨下雪。另外，中秋节的天气还关系到其后降水的多少和农业的收成状况。河北有句农谚说："八月十五下一阵，旱到来年五月尽。"意思是如果中秋节下雨，那么一直到来年的五月都会干旱少雨。河南也有谚语说："中秋云遮月，来年好收麦。"中秋节若是阴天，第二年的麦子就会大丰收。以月色明暗进行的占卜活动也很多，有"中秋月朗来年熟"、"亮月子在云里拱，来年虾鱼要绝种"等说法。

节关。中秋，在文人士大夫看来是赏月的良宵，在农人眼里是占卜气候收成的时候，在妇女眼里是难得的嬉戏游玩之夜。而对工商民户而言，中秋则是一个结清钱债的日子，"凡钱债至五月节、八月节，必清结，谓之节关，而中秋视端午尤重"。中秋是一年中最重要的算账日，也是老板与雇员续约或终止契约的时日。债务人想方设法挨过此节，店家伙计也担心在晚间盛宴之后被告之明天不要再来。对于这些人来说，中秋不那么令人兴奋，月亮有无并不重要，过节也就是过关，所以"节关"之说十分妥帖。中秋节在这里演变为工商社会的时间段落标志，显示了节日对经济社会的调节意义。

走亲戚。处于秋收之际的中秋节，正是加强亲族联系、增进感情的好时机，是一年当中仅次于春节的馈赠大节。人们往往在节前数日，甚至在八月初就开始赶办节礼，看老师，探朋友，其中最重要的是走亲戚。

在中秋节，娘家给女儿家送礼较为普遍。在河南新安，娘家携枣糕（用面叠作数层，下大上小，内夹枣）、月饼、梨、柿、石榴等探望出嫁的女儿，称为"送糕"。对于新嫁女，娘家送礼更为隆重。过去在浙江乌青，有新嫁女的人家要以盘或箱盛月饼，送至女儿家，叫做"致秋节"。在福建福鼎，父母给已出嫁的女儿送中秋节礼，第一次送节称"送头年"，礼品要丰厚，以中秋粿、月饼为主，再加酒、鸡、鸭等。其中，中秋粿又有白粿（米浆加盐蒸熟）、糖粿（米浆加红糖蒸成）、肉粿（米浆加盐、肥猪肉、葱头油、葱叶等蒸熟）、芋蛋粿（也称槟榔芋粿）多种，粿圆味美，象征团圆。女儿收下中秋粿和月饼，其他礼品一般要退回，再添上几种礼品作为压礼。收下的中秋粿，则切成一块块分给邻居和亲戚朋友，叫做"分头年粿"。当然，女婿也要给丈人家送礼，在浙江乐清，俗称"望八月十五"或"望中秋节"。女婿望第一个中秋要有鸭、鱼、肉等六样礼物，其余礼物则以月饼为主，其次是芋艿和茶食包等。送时还带着丝竹伴奏，饶有情趣。

在今天，互发短信、电子贺卡也成为增进感情的方式。每到节日来临，人们常将美好的祝福用短信或电子贺卡的方式传递出去。如"月是中秋分外明，我把问候遥相寄；皓月当空洒清辉，中秋良宵念挚心；祝愿佳节多好运，月圆人圆事事圆"、"八月十五将至，送你一只月饼，含量：100%关心，配料：甜蜜+快乐+开心+宽容+忠诚=幸福；保质期：一辈子；保存方法：珍惜"等，意境优美，情深意长，往往能给亲朋好友带去中秋夜的浪漫与温馨。

作为仅次于春节的第二大节日，中秋节具有非常丰富的习俗活动，也具有多种文化意蕴，这其中，团圆庆贺具有中心意义。

自古以来，中国人就有很强的家族伦理观念，重视亲族情谊与血亲联系，较早形成了和睦团圆的民俗心理。家庭成员的团聚成为家族生活中的大事，民俗节日则为民众的定期聚会提供了时机。可以说，许多传统节日都不同程

兔儿爷是民间祭月的供品，也是绝妙的儿童玩具。（张勃摄）

度地满足着人们团圆的要求，如除夕的"团年"、清明的祭祖、重阳的聚饮等。中秋节为花好月圆之时，"海上生明月，天涯共此时"，人们由天上的月圆联想到人事的团圆，中秋节就更被视为特别的"团圆节"。每到此节，人们就格外渴望家庭的团圆，人事的圆满，小小的月饼也被赋予团圆的含义。然而"人有悲欢离合，月有阴晴圆缺，此事古难全"。月团人圆，更多是一种理想，在日常生活中往往并不能真正实现。在这种情况下，"但愿人长久，千里共婵娟"，也就成了中秋团圆的另一种形式。

第六章　登高赏菊宴重阳

"又是九月九，重阳节，难聚首，思乡的人儿漂流在外头。"几年前，一首《九月九的酒》不知打动了多少游子心，又不知勾起了游子的几多乡愁。在社会人口大流动的当代，重阳，这一古往今来登高、野宴、赏菊的时节，宣泄了思乡人的抑郁情感，抚慰了旅行者孤独的心灵，为离开乡土的人们提供了梦寻故土的机会。

重阳节时在农历的九月初九日，在阴阳观念中，九属阳，九月九是两个阳数重叠在一起，所以叫"重阳节"，也叫"重九节"。中国的人文节日大多依托一定的自然时序，在岁时节俗中，人们融入了较多时季节意识，因自然物候的变化而兴起对社会人生的感怀。重阳正值暮秋时节，处在寒露与霜降之间，此时在蒙古形成的冬季风开始南侵，气候明显转凉，寒风乍起，草木凋零，人们明显感受到秋寒的来临。江苏常熟白茆等地农民将重阳视作寒气新到的节点，名为"重阳信"；南京则流传着这样的俗谚："吃了重阳糕，夏衣就打包。"重阳在民众生活中成为季节交换的时间界标。在这个节日里，人们登高野宴，饮菊花酒，吃重阳糕，佩戴茱萸，种种活动都围绕着这一季节感受而展开。

登高野宴是重阳节俗的中心内容，而登高的原始意义在于逃避灾祸。重阳节为什么要登高，登高又何以能避祸呢？这是一个十分有趣的话题。重阳时节，天气初寒，人们在肃杀的秋风中感受到季节的冷暖变化，一时间身体难以适应，容易感染疾病。这样，重阳时节就在古代被视为危险的季节。而在神秘的阴阳观念中，九九重阳又意味着阳数的极盛，是阴阳的失调，九九重阳之日，也就和五月五日一样是令人生畏的灾日了。为了避开不吉，人们采用了一种超乎寻常的行为：以出外登高野游的方式脱离有可能发生灾祸的日常时空。在具有原始信仰的古人眼里，由室内到室外的空间移动，能够纾解生存的危机。这种登高避祸的方式在古代节俗中常常出现，比如人日（正月初七）登高、正月十五日登高等。登高习俗可能最初起源于平地居民，异于平川的高山在原始居民观念中属于神奇之地，登临高处，意味着接近了天神，因此也就易于获得福佑；后来随着文化的传播，这种登高习俗播布全国。

重阳登高大概萌芽于汉代，杜公瞻在《荆楚岁时记》注文中说，九月九日宴会不知起于何代，"然自汉至宋未改"。吴均在《续齐谐记》中引用了一则传说来解释重阳登高习

登高（选自张德宝等绘图、完颜绍元等撰文《中国风俗图像解说》，
上海书店出版社，1999）

俗的起源。话说汝南人桓景跟随方士费长房游学。一天，费长房对桓景说："九月九日，汝南当有大灾降临，你赶快通知家人缝制布囊，在布囊里装上茱萸，然后将茱萸囊系在手臂上，登山饮菊花酒，此祸即可消除。"桓景听了费氏之言，举家登山。傍晚，桓景一家归来，见鸡犬牛羊全都暴死。费长房得知此事后说："这些家畜已经代人受灾了。"

　　一般来说，民俗传说晚于民俗现象本身，这则传说同样是对已有民俗的一种神秘解释，但这一解释十分贴近节俗实质，它以形象的故事说明了重阳登高民俗的原始内涵，登高、佩茱萸、饮菊花酒都是为了消灾远祸。魏晋南北朝，是一个社会大变动的时代，是重视日常生活的感性时代，同时也是一个深怀忧虑的时代。因此，登高避祸、饮酒祈福的九月九成为社会上下共享的世俗大节，所谓"汉崇上巳，晋纪重阳"（《旧唐书·德宗本纪》）即由此而发。而且，当时的人们有意识强调重阳祈寿祈福的节俗意义，如《魏文帝与钟繇书》中所说，"九日为阳数，而日月并应，俗嘉其名，以为宜于长久，故以享宴高会"，以"九九"谐音"久久"，就反应了时人求吉的心态。自此以后，九九登高野宴成为历朝历代普遍流行的习俗。比如南朝宋人孙诜就在《临海记》中记述了浙江临海地区重阳登高的盛况："郡北四十步有湖山，山甚平正，可容数百人坐。民俗极重九日，每菊酒之辰，宴会于此山者，常至三四百人。"（《艺文

独立寒秋的菊花，在古人那里有着不同寻常的文化意义。（萧放摄）

类聚》卷四）

重阳佳节的登高野宴中有三大民俗佳品：菊花酒、茱萸佩、重阳糕（原称蓬饵）。

菊花酒。菊是"候时之草"，在"霜降之时，唯此草盛茂"。独立寒秋的菊花，在古人那里有着不同寻常的文化意义。它在仙道方家眼中是"延寿客"、不老草，是生命力的象征。赏菊与饮菊花酒也就成为重阳的重要节俗。

旧时大家富户常于节日期间陈列菊花作山的形状，邀人欣赏。清末民初的北京，一般人家多由丰台花乡买来黄菊，或栽于盆，或种于花圃，秋来以应节。富贵之家养菊可达数百盆，架成九花塔或九花山，也有拼出"天下太平"

或"九九"等字样的，真是花团锦簇，美不胜收。甚至茶楼酒肆也举办菊花展以招徕顾客。直到今天，每逢重阳节，全国许多城市都举办大型的菊花展和游园活动，吸引众多的市民前来观赏。

说到赏菊饮酒，人们很自然地会想起晋朝名士陶渊明。陶渊明最爱菊之高洁，他以菊明志，在不满朝政腐败、辞官归隐后，于宅旁种了许多菊花，过起了"采菊东篱下，悠然见南山"的恬淡生活。陶渊明爱酒，但是因为家贫又时常无酒可喝。有一年重阳节，陶渊明又坐进怒放的菊花丛中，不知不觉已经满手菊瓣。然而赏菊终究不能代替饮酒，心中不免遗憾。正在这时，来了一个白衣使者，原来是江州刺史王弘派人送酒来了。陶渊明惊喜万分，当即打开酒瓮，开怀畅饮起来，直到酩酊大醉……陶渊明所饮之酒大概就是用去年菊花酿成的菊花酒。

菊花酒用菊花杂和黍米酿成，"菊花舒时，并采茎叶，杂黍米酿之，至来年九月九日始熟就饮焉，故谓之菊花酒"。九日所酿的菊花酒在古代被视为延年益寿的长命酒。《太清记》称："九月九日采菊花与茯苓、松脂，久服之令人不老。"这一说法固然是夸大之辞，但菊花酒的确有清热解毒、明目祛风、平肝疏肺、益阴滋肾的药用价值。重阳饮菊酒之俗在民间长期流传，山东滕县、临沂、日照等地，在近现代仍会在重阳造菊花酒，当地谣谚咏其事云："九月九，九重阳，菊花做酒满缸香。"

茱萸佩。茱萸是秋季成熟的椒科植物，有浓烈的香气，能做药用。据《杂五行书》，在屋舍旁种白杨、茱萸三根，能够"增年益寿，除患害"。又说"井上宜种茱萸，茱萸叶落井中，饮此者无瘟病"（《淮南万毕术》），而悬茱萸子于室内，即可以产生"鬼畏不入"的效果。茱萸具有如此神奇的驱邪效用，也就难怪人们对它另眼相看，甚至亲切地称它"辟邪翁"了。

在古代民众知识中，侵害身体的晚秋寒气是鬼魅恶气，茱萸到九月九日"气烈成熟"，重阳节时人们便习惯用它作为驱风逐邪、消积祛寒的重要武器，或者用茱萸子实泡酒饮用，或者将茱萸子实装于囊中作为佩饰，唐郭元振有诗云："辟恶茱萸囊，延年菊花酒。"（《子夜四时歌·秋歌二》）此外，节日里，人们还习惯将茱萸枝插戴于头。晋周处《风土记》中就有"折茱萸房，以插头"的记载，说是可以辟恶气，抵御初寒。王维在他那首著名的《九月九日忆山东兄弟》中也记述了这一习俗："独在异乡为异客，每逢佳节倍思亲。遥知兄弟登高处，遍插茱萸少一人。"节日是日常生活的亮彩，节日中往往凝聚着人们深厚的情感，当这些情感在节日这一人文节点复现时，其独特的节俗情调就会唤起人们对往昔时间生活经验的追忆。少年王维漂泊异乡，重阳节自然引起了他思念手足的情感。

重阳香包〔萧放摄〕

由于茱萸是重阳节特有的辟邪物品，佩戴茱萸是重阳节俗的主要标志，因此登高会也称"茱萸会"，重阳节也有"茱萸节"之称。从节俗的原始意义看，茱萸与登高的结合应该是最早的。但在宋元以后，插茱萸的习俗就很少见了，这可能与重阳节俗重心的转潜移有关。重阳在早期民众的时间生活中强调的是辟邪消厄、逃避灾难；随着生活的改善，人们不仅关注眼前的现实生活，而且对未来生活充满希望，祈求长生与延寿。所以"延寿客"的地位最终盖过了"辟邪翁"。

重阳糕。九月食糕的习俗起源很早，"糕"之名，虽然起于六朝之末，但糕类食品在汉朝时即已出现，当时称为"饵"。《说文》解释说："饵，粉饼也。"饵的原料是米粉，米粉有稻米粉与黍米粉两种，黍米有粘性，二者和合，"合蒸曰饵"（《周礼·天官·笾人》郑玄注文）。黍为五谷之长，黍在古代是待客与祭祀的佳品。九月，黍谷成熟，人们以黍米为应时的尝新食品，因此首先用以祭享先人。重阳糕的前身就是九月的食品，这也是后世民间在重阳节以重阳糕荐神祭祖的习俗渊源。

六朝时期，登高习俗流传甚广，重阳节俗形成，糕类自然成为节令食品，如童谣所谓："七月刈禾伤早，九月吃糕正好。"（《隋书·五行志上》）唐宋时重阳食糕习俗更加流行，唐称麻葛糕，宋人已习称重阳糕。吴自牧在《梦粱

重阳糕（选自叶大兵主编《湖北民俗》，
甘肃人民出版社，2003）

录》中记述："此日都人店肆，以糖面蒸糕，上以猪羊肉鸭
子为丝簇钉，插小彩旗簇之，名曰'重阳糕'。"（卷五）由
于糕面有多种装饰，重阳糕在明清以后又多称为"花糕"。
重阳花糕成为都市、乡村的应节食品。1936年《山阴县志》
记重阳节俗有："重阳登高，蒸米为五色糕，剪彩旗供小儿
娱戏。"

　　从九月九食饵到重阳食糕，看起来似乎只是字面上的

变化，实际上隐含着重大的社会变化。食饵最初主要有祭祀与辟邪的意义，《西京杂记》有"食蓬饵以被妖邪"的记述（卷三）。六朝之后，随着社会文化的世俗化，人们更注重现实生活的平安如意。"糕"在汉语中谐音"高"，含有生长、向上、进步、高升等意。宋代民俗，在九月九日天亮时，"以片糕搭儿女头额，更祝曰：'愿儿百事俱高。'作三声"（吕原明《岁时杂记》）。不仅如此，重阳糕上的诸种饰物也都有着各自的寓意。如糕上置小鹿，称为食禄糕。糕上的枣、栗、狮子之类饰品，都是中国传统的祈子物，表现了人们在秋收时节祈求子嗣的愿望。

重阳还是出嫁的女儿回娘家的日子，接出嫁女儿回家吃重阳糕，是重阳的另一节俗，俗谚有："九月九，搬回闺女息息手。"所以重阳如端午一样，又被称为"女儿节"。重阳节妇女回娘家食糕，表面上的意义是团聚、热闹，其实是向母系家族求得生殖力量。

重阳在后世则演变成为祝寿节、老人节。在壮族，人们将农历九月九日称为"祝寿节"，在老人满六十岁生日那天，子孙都来庆贺，并为老人添置一个寿粮缸。此后，每到九月九日，晚辈都要给寿缸添粮，直到添满为止。这缸粮米，称为"寿米"，平时不能食用，只有老人生病时才煮给老人吃，说此米能帮助恢复健康，延年益寿。缸里的米不能吃完，否则老人不长寿，所以晚辈要在重九这天给老人添满米粮。出嫁的女儿也在这天拎着新米回来"补粮缸"。这其实是一种敬老的习俗，也是中华民族的传统美德。

总体上看，随着人们文化意识的变化，重阳登高活动经历了从实际践履郊野的登高到象征性的仪式表演登高，从民众共享的避忌登高到主要是文人、市民的娱乐登高的历史变化。登高远足的重阳活动与六朝士人啸咏山林的生活习性有一定的关系。在社会生活渐趋安定之后，人们追求安逸与享乐，避忌心理减弱，人们由"籍野饮宴"变化为"皆宴设于台榭"，重阳成为宴会享乐的节日。佛教寺庙增多之后，人们以游览名胜与登宝塔作为登高，有的径直以重阳吃糕来替代登高，将重阳糕称为"登糕"。重阳节由登临高山到宴会台榭，由远足之劳到口腹之乐，重阳节俗由动趋静，由神圣转向世俗，表现了中国传统节俗演变的一般趋势，也表明人们节日感觉的衰退减弱。

在目迷五色的当代社会，我们能否从传统的节俗中汲取有益的成份返朴归真，借重阳这一秋高气爽的秋游时节，离开喧闹的都市，登上高山，体验孟嘉"龙山落帽"的野趣，神会李太白"登高望山海"的胸怀呢？其实，"籍野饮宴"的啸咏高歌远胜于酒吧迪厅里的纵情歌舞，祈寿的菊花酒也香过美味咖啡，那么，杜牧《九日登高》所赋"尘世难逢开口笑，菊花须插满头归"，正可以作为我们秋季登高野宴、把酒赏菊的最好勉励！

参考文献

(1)　《十三经注疏》，中华书局，1980年出版。

(2)　杨伯峻译注：《论语译注》，中华书局，1980年出版。

(3)　杨伯峻译注：《孟子译注》，中华书局，1960年出版。

(4)　[秦] 吕不韦编著，[汉] 高诱注：《吕氏春秋》，上海古籍出版社，1989年出版。

(5)　[汉] 司马迁：《史记》，中华书局，1982年出版。

(6)　[汉] 桓谭：《新论》，上海人民出版社，1977年出版。

(7)　[汉] 班固：《汉书》，中华书局，1962年出版。

(8)　[汉] 应劭著，王利器校注：《风俗通义校注》，中华书局，1981年出版。

(9)　[南北朝] 范晔著，[唐] 李贤等注：《后汉书》，中华书局，1965年出版。

(10)　[南北朝] 宗懔原著，谭麟译注：《荆楚岁时记译注》，湖北人民出版社，1985年出版。

(11)　[南北朝] 吴均：《续齐谐记》，文渊阁《四库全书》本。

(12)　[南北朝] 贾思勰：《齐民要术》，见《山东省志·诸子名家志·贾思勰志》，齐鲁书社，2001年出版。

(13)　[唐] 长孙无忌等：《隋书》，中华书局，1979年出版。

(14)　[唐] 萧嵩等：《大唐开元礼》，四库全书本年出版。

(15)　[唐] 欧阳询：《艺文类聚》，上海古籍出版社，1965年出版。

(16)　[唐] 徐坚等辑，韩放主校点：《初学记》，京华出版社，2000年出版。

(17)　丁如明、李宗为、李学颖等校点《唐五代笔记小说大观》(全二册)，上海古籍出版社，2000年出版。

(18)　[宋] 欧阳修等：《新唐书》，中华书局，1975年出版。

(19)　[宋] 王溥：《唐会要》，上海古籍出版社，1991年出版。

(20)　[宋] 高承：《事物纪原》，中华书局，1989年出版。

(21)　[宋] 吴自牧：《梦粱录》，浙江人民出版社，1984年出版。

(22)　[宋] 周密：《历代笔记小说小品选刊·武林旧事》，学苑出版社，2001年出版。

(23)　[宋] 孟元老撰，李士彪注：《东京梦华录》，山东友谊出版社，2001年出版。

(24)　[明] 田汝成：《西湖游览志馀》，四库全书本。

(25)　[明] 刘侗、于奕正：《帝京景物略》，北京古籍出版社，1983年出版。

(26)　[清] 彭定球等编：《全唐诗》，中华书局，1960年出版。

(27)　[清] 陈梦雷编撰、蒋廷锡校订：《古今图书集成》。

(28)　[清] 李斗撰，汪北平、涂雨公点校：《扬州画舫录》，中华书局，1960年出版。

(29)　[清] 曹雪芹著，黄霖校理：《红楼梦》，齐鲁书社，1994年出版。

(30)　[清] 顾禄：《清嘉录》，上海古籍出版社，1986年出版。

(31)　[清] 潘宗鼎，[民国] 夏仁虎：《金陵岁时记·岁华忆语》，南京出版社，2006年出版。

(32)　尚秉和：《历代社会风俗事物考》，中国书店（北京），2001年出版。

(33)　余嘉锡：《世说新语笺疏》，中华书局，1983年出版。

(34)　娄子匡编著：《新年风俗志》，上海文艺出版社，1989年9月影印本。

(35)　唐祈、彭维金主编：《中华民族风俗辞典》，江西教育出版社，1988年出版。

(36)　徐艺乙：《风筝史话》，北京工艺美术出版社，1992年出版。

(37)　刘秉果、赵明奇、刘怀祥：《蹴鞠——世界最古老的足球》，中华书局，2004年出版。

(38)　丁世良、赵放主编：《中国地方志民俗资料汇编·东北卷》，北京图书馆出版社，1989年出版。

(39)　丁世良、赵放主编：《中国地方志民俗资料汇编·华东卷》，书目文献出版社，1995年出版。

(40)　丁世良、赵放主编：《中国地方志民俗资料汇编·西南卷》，北京图书馆出版社，1991年出版。

(41)　丁世良、赵放主编：《中国地方志民俗资料汇编·西北卷》，北京图书馆出版社，1989年出版。

(42)　丁世良、赵放主编：《中国地方志民俗资料汇编·中南卷》，北京图书馆出版社，1991年出版。

(43)　黄泊沧编：《节日的传说》，湖南人民出版社，1982年出版。

(44)　蒯大申、祁红：《中国民俗》，安徽教育出版社，2002年出版。

(45)　江苏省地方志编纂委员会编：《江苏省志·民俗志》，江苏人民出版社，2002年出版。

(46)　山曼、李万鹏、姜文华、叶涛、王殿基：《山东民俗》，山东友谊出版社，1988年出版。

(47)　山曼、柳红伟编著：《山东剪纸民俗》，济南出版社，2002年出版。

(48)　山曼主编，高建军编著：《孔孟之乡民俗》，济南出版社，2002年出版。

(49)　陶立主编：《中国民俗大系》（全套31卷本），甘肃人民出版社，2003、2004年出版。

(50)　薛麦喜主编：《黄河文化丛书·民俗卷》，陕西人民出版社，2001年出版。

(51)　温幸、薛麦喜：《山西民俗》，山西人民出版社，1991年出版。

(52)　山东省地方史志编纂委员会编：《山东省志·民俗志》，山东人民出版社，1996年出版。

(53)　江苏省地方志编纂委员会编：《江苏省志·民俗志》，江苏人民出版社，2002年出版。

(54)　潘鲁生编著：《中国民俗剪纸图集》，北京工艺美术出版社，1999年出版。

(55)　丘桓兴：《中国民俗采英录》，湖南文艺出版社，1987年出版。

(56) 叶大兵、乌丙安主编：《中国风俗辞典》，上海辞书出版社，1990年出版。

(57) 陈久金、杨怡：《中国古代的天文与历法》，商务印书馆，1998年出版。

(58) 杨琳：《中国传统节日文化》，宗教文化出版社，2000年出版。

(59) 萧放：《岁时——传统中国民众的时间生活》，中华书局，2002年出版。

(60) 萧放：《春节》，三联书店，2008年出版。

(61) 张勃、荣新：《中国民俗通志·节日志》，山东教育出版社，2007年出版。

(62) （美）高德耀著，张振军、孔旭荣等译：《斗鸡与中国文化》，中华书局，2005年出版。